인체를 지배하는
골프 스윙 메커니즘

김기태 저

다운스윙과 백스윙의 정의

몸앞쪽에서 이루어지는 스윙을 다운스윙이라 하고 몸뒤쪽에서 이루어지는 스윙을 백스윙이라 정의한다.
테이크백, 테이크백업은 허체다.
실체는 반응하고, 허체는 거부반응한다(본문 중에서)

대경북스

머리말

　레슨 현장을 둘러보면 골프 열기가 예전보다 못하며 지도방법 역시 큰 변화가 없다고 느끼는 것은 필자만의 생각일까?
　이런 현상이 다반사적으로 일어나고 있음은 현장 사정만 보아도 충분히 가늠할 수 있다. 그 원인은 무엇일까? 우리 프로선수들의 승전보에 힘입어 많은 부모들이 자녀들을 프로선수의 길로 인도하였으나 대다수가 설 자리를 잃고 방황하고 있다. 이 현실을 어떻게 보아야 하며 대책은 없는 것인가?
　우리나라 골프의 역사가 100년이라 하지만 아직도 몸을 중심으로 한 대근육 운동을 감으로 가르치고 또 배우고 있다.
　골프 스윙의 과학화가 이루어져야 한다는 전 고려대학교 물리학 전공 김선웅 교수님의 주장에 공감하면서, 작용의 본체와 허체를 밝혀냄으로서 골프 스윙 과학화의 전기를 마련하기 위해 노력하였다.
　그러기 위하여 관성질량, 에너지의 변환, 골반하구 등을 과학적인 측면에서 분석하였다.

　현 시대는 모든 스포츠를 인체메커니즘에 기반하여 분석하고 가르치고 있으며, 그 연구들이 활발히 이루어지고 있다. 골프 스윙도 인체 메커니즘을 벗어난 논리로는 문제를 해결할 수 없다.
　골프는 과학이며, 원리는 하나다.
　메커니즘 골프가 질적·양적 성장함으로써 골프문화의 주동력이 되어 대중 속에 깊게 뿌리 내리길 기대하면서….

2019년 7월

저자 김 기 태

차 례

제1부 중력을 이용한 골프 스윙 이론
골프가 왜 어려운가에 대한 문제해결 방안 ································ 11

제1장 중력을 이용한 골프 스윙이란 무엇인가?   17
왜 나란한 궤도를 그려야 하는가 ·· 19
개요 ·· 19
나란한 골프 스윙이란 무엇인가? ··· 19
개요 ·· 19
팔을 짧게하여 나란한 궤도를 그린다. ·· 21
- 다운스윙과 팔의 대칭점 ··· 22
- 왼손 중심점(수직점) ··· 23
- 탑에서 시간과 공간확보를 하는 스윙 ···································· 24
- 몸의 중심점(못을 박는 곳) ·· 24
- 골프 스윙과 리듬, 템포, 어감, 심리 ···································· 26
- 그립(Grip) ··· 26
- 스탠스(Stance) ··· 27
- 어드레스(Address)때 몸의 중심점 찾기 ································· 27
- 클럽 길이와 중심점의 변화 ·· 28
- 삼각축(어드레스)과 공의 위치 ··· 29
- 나란한 골프 스윙과 늑골과의 관계 ····································· 30
- 팔의 중심선(수직선) ··· 31
- 지형변화와 스탠스 몸 중심점의 변화 ··································· 32
- 나란한 골프 스윙의 팔과 손의 경계 ···································· 33

제 2 장 안전하고 안락한 골조 옥탑방이란? 35
안전하고 안락한 옥탑방이란? ………………………………… 37
- 층간도 ……………………………………………………… 38

제 3 장 중력을 이용한다 41
- 여섯 곳에 중심(못)을 박는다(어드레스 할 때) ………… 43
- 중력층(수평 중력층) ……………………………………… 45
- 골반과 근막 ………………………………………………… 46
- 질량(Mass) ………………………………………………… 48
- 중력각 ……………………………………………………… 50
- 상체와 하체의 구분 ……………………………………… 51

제 4 장 인체를 지배하는 골프 스윙 메커니즘 53
물리적 측면에서 본 어드레스와 다운스윙, 백스윙 ……………… 55
- 어드레스 개념 ……………………………………………… 55
- 다운스윙과 백스윙의 정의 ……………………………… 56
생체역학 측면으로 본 골프 스윙과 골반하구의 역할 …………… 58
- 에너지 등분배의 법칙 …………………………………… 58
에너지의 변환 측면에서 본 철골옥탑방 공사 ……………………… 59
- 에너지(Energy)의 변환 …………………………………… 59
인체를 지배하는 메커니즘 측면에서 본 구호, 노랫말 …………… 61
- 실체라야 반응하고 허체는 거부 반응한다 …………… 62
- 작용의 본체(실체)와 작용의 허체 ……………………… 62
- 아웃라이어의 일반시간의 법칙 ………………………… 64

제 5 장 관성질량, 에너지변환, 간충질 등을 지배하는
구호·노랫말(메커니즘) 65
- 왜 관성질량 에너지변환 간출질등을 지배하는
  구호, 노랫말이라 하여야 하는가? ……………………… 67

골프 스윙은 나란한 운동이다 ··· 68
인체를 지배하는 매커니즘 ·· 68
매커니즘을 지배하는 구호, 노랫말 ······································· 69
청각의 매커니즘 ··· 70
    ♣ 가속운동을 느끼는 매커니즘 ·· 70
    ♣ 회전운동을 느끼는 매커니즘 ·· 70
    ♣ 뇌에 전달되는 머리의 움직임, 기울기 ····························· 71
구호 "호환눈"의 역할 ·· 71
    ♣ 풀스윙 ··· 72
    ♣ 하프스윙 ··· 74
    ♣ 퍼터, 짧은 샷 ··· 74
    ♣ 피치샷 ·· 75
    ♣ 칩샷(피치 앤드런) ·· 75
    ♣ 러닝샷 ·· 76
    ♣ 벙커샷(Bunker shot) ·· 76
    ♣ 벙커벽이 높은 벙커샷 ·· 77
    ♣ 경사가 심한 내리막 샷 ·· 77
    ♣ 임펙트(Im-pe-tus) ·· 78
    ♣ 템포 ··· 78

제 6 장 구호와 노랫말 만들기   81

예시한 구호와 노랫말 ·· 83
어드레스 구호 연습 ··· 83
골프 스윙을 지배하는 구호, 노랫말 ······································· 84
닭(몸)이 먼저냐, 달걀(구호, 노랫말)이 먼저냐? ······················· 84

제 7 장 스윙 모습   85

퍼터 ·· 88
    ♣ 다운스윙 ··· 89
피칭웨지 ·· 90
    ♣ 탑 ·· 91

- ♣ 측면 ·· 92
- ♣ 임펙트 ·· 93
- ♣ 플로우스루 ·· 94
- ♣ 피니쉬 ·· 96
- ♣ 짧은 거리 칩샷 ·· 97

아이언 3번 ·· 98
- ♣ 탑 ·· 99
- ♣ 측면 ··· 100
- ♣ 플로우스루 ·· 101

드라이브 ··· 102
- ♣ 탑 ·· 103
- ♣ 측면 ··· 104
- ♣ 측면 ··· 105
- ♣ 뒷면 ··· 106
- ♣ 플로우스루 ·· 107
- ♣ 피니쉬 ·· 109
- ♣ 피니쉬(뒷면) ··· 110

벙커벽이 높은 오르막 샷(샌드웨지) ······································ 111
경사가 심한 내리막 샷(샌드웨지) ·· 112

제2부 골프 스윙(일반)

제 1 장 골프를 시작하기 전에 꼭 알아야 할 것은?   117

골프란 무엇인가? ·· 119
골프의 매너를 알아보자 ··· 120
골프의 기초지식을 알아보자. ·· 121
- ♣ 기원 ··· 121

제 2 장 골프의 기본자세를 알아보자   129

그립은 어떻게 ·· 131
- ♣ 그립의 기본 그림 ··· 131

- 왼손으로 잡는 형태에 따라서 ········· 132
- 샤프트의 센트라인에 왼손 엄지 손가락의 각도에 따라 잡는 방법 ······ 133
- 양손으로 그립을 잡는 방법에 따라서 ········· 134
- 공통적인 그립 잡는 요령 ········· 135

스탠스는 어떻게 ········· 136
- 스탠스의 종류와 특징 ········· 136

볼의 위치는 ········· 141
- 볼의 위치에 대한 두가지 생각 ········· 141
- 볼의 위치와 스탠스 ········· 142

어드레스와 셋업의 절차는 ········· 144
- 어드레스의 체크요령 ········· 144

제 3 장 스윙의 기초를 알아보자　　　　　147

스윙의 특징 ········· 149
- 골프 스윙의 특성 ········· 149

단계별 스윙은 ········· 151
- 스윙의 메카닉 ········· 151
- 스윙 타이밍 ········· 152
- 스윙 요령 ········· 152
- 스윙하는 기술 습득 ········· 153
- 클럽없이 하는 동작 ········· 154
- 수행단계 ········· 155

스윙의 원리는 ········· 158
- 스윙의 궤도 ········· 158
- 이상적인 스윙궤도와 공의 방향 ········· 161
- 정확한 그립을 잡는 일(스퀘어 그립) ········· 162

스윙의 연습은 ········· 164
- 스윙의 크기 ········· 164

제 4 장 골프가 왜 어려운가?　　　　　169

골프 스윙의 일반적인 어려운 이유 ········· 171

부 록 골프용어　　　　　175

제1부
중력을 이용한 골프 스윙 이론

골프가 왜 어려운가에 대한 문제해결 방안

　골프 스윙의 어려운 점 몇가지 예를 들어 그 해결 방안은 없는지 찾아보기로 한다.

　첫째 팔이 길기 때문이다.
　예를 들어 업라이트 스윙을 살펴보면 왼팔이 치켜들려 탑의 균형뿐만 아니라 몸 또한 균형 잡기가 매우 힘들다고 본다. 팔이 치켜 들렸는데 평형과 균형을 어떻게 잘 잡을 수 있겠는가.
　인체의 팔을 대칭점을 이용하여 6~7cm 짧게 하여 탑을 등중력면을 이루게하며, 몸 또한 등중력면을 이루어 안정된 자세가 된다(이 대칭점을 에너지변환기어라고 생각하면 쉽다).

　둘째 많은 골퍼들이 다운스윙, 백스윙을 어떻게 할 것인가 고민하고 어려워한다.
　다운 스윙과 백 스윙 간에 역수의 비하게 되면 자연스레 궤도가 그려

진다(뉴턴의 관성질량 48p 참고).

셋째 몸과 대근육을 직접 쓰게 되어 더 많은 몸 부위와 대근육들의 반사작용으로 균형 잡힌 스윙을 하기가 힘들다고 본다.

중력을 이용하여 우리 몸이 반응하도록 하여 평형과 균형을 잡도록 한다.

(인체의 반응과 반사작용은 엄연히 다르며 특히 골프 스윙에서 그 차이는 매우 크다 하겠다.)

넷째 플랫스윙을 관찰해 보면 팔과 헤드가 몸 밖으로 나가 몸이 비틀리고 꼬여 스윙의 균형을 잡기가 힘들다고 본다.

인체의 균형을 잡아주는 늑골, 골반하구 중력각 등을 이용하여 평형과 균형을 잡아 몸이 비틀리고, 쏠리고, 꼬이지 않게 한다.

다섯째 몸과 대근육 등을 직접 사용함으로 스윙 궤도를 그릴수가 없다고 본다.

몸 중심점과 헤드와 대칭점을 관측의 눈이라 생각하고 몸 중심점과 헤드와 대칭점으로 생각한 궤도를 그리며 관측의 눈으로 백스윙 되는 몸을 확인할 수가 있어 이상적인 다운스윙을 할 수가 있다.

여섯째 하나, 둘, 셋 등 단순한 언어로 스윙하기 때문에 몸과 구호가 일체가 되지 못한다고 본다.

인체의 각 부분의 구조를 반응하게 하려면 우리 몸에 명령지시를 하여야 한다. 명령지시를 할 때 거기에 맞는 단어, 구호를 사용하여 반응하게 할 수 있는 어감, 리듬 등을 만들어야 한다. 예를 들어 어드레스 때 기압을 받기보다는 중력을 받아 하면 우리 몸 전체 특히 하체와 발바닥에 전해지는 중력감이 매우 크다는 것을 바로 느낄 수 있을 것이다. 우리 몸이 말을 듣고 반응 한다는 것이다.

또한 어려운 수학이나 어떤 법칙을 풀 때 거기에 맞는 공식을 대입하여 말을 하며 풀 듯이 구호나 노랫말을 하면서 스윙을 해야 수학 공식보다 더 어렵다는 골프 스윙을 풀 수 있지 않겠는가.

일곱 번째 골프 스윙의 주체와 객체의 비교

스윙의 주체를 몸 부위와 대근육으로 보기 때문이다.

어드레스 헤드와 탑 헤드의 세로 간의 폭은 드라이브라도 그리 크지 않음을 알 수 있고 백스윙에서 탄성의 몸을 만들어야 하기에 나란함이 부족할 정도의 나란한 궤도를 그리지 않으면 안 된다. 몸과 대근육이 주체가 되면 이 폭을 조절하기가 어렵다고 본다.

탑에서 다운스윙 임팩트 역시 헤드가 한다.

헤드를 주체로 나란한 스윙을 해보면 멀리 밖에서 헤드로 스윙 몸의

자세변화를 정확히 볼 수 있다. 그래서 헤드를 관측의 눈으로 생각해야 하며 헤드 궤도는 비행체가 비행한 그 흔적 궤적을 생각하면 쉽다.

　헤드로 궤도를 그릴 수 있는 것은 팔을 짧게 하였기에 가능하다. 헤드 궤도가 주체이고 몸이 객체가 되어야 하는 이유이다.

　여덟 번째 골프 스윙에서 인체와 골프 클럽 길이 와의 상관관계 등을 수치(수학)적으로 접근한 이론을 찾기 힘들다(28, 31p 참조)

　아홉 번째 골프 스윙에서 흉곽 내의 변화에 대한 이론을 접하기 힘들다.

▼ 에어백(박스)

　자동차 주행 중 한쪽 타이어 공기압이 적다든지 펑크가 나서 주행을 할 수 없는 상황을 우리는 많이 보았다.

　스윙 몸의 상체 중 흉곽을 에어백이라 생각하면 흉곽에어백의 공기압이 적당하고 좌, 우, 상, 하가 같아야 올바른 백스윙 바람직한 다운스윙을 할 수 있지 않을까? 공기압이 똑같은 등중력면의 흉곽에어백이 되어야 한다는 이유이다.

　잘못된 과격한 스윙으로 에어백이 터지는(늑골부상 등) 사례를 우리는 많이 보아왔다. 정상적인 공기압의 에어백이 되어야 탄성의 몸을 만들 수 있고 부드럽고 리드미컬한 스윙을 할 수 있다.

▼ 가슴막공간 = 흉막강(Pleural Cavity)

인체 폐의 표면을 둘러싸는 흉막 내장엽과 흉막 내면을 덮는 흉막체 벽엽으로 둘러싸인 강. 속에 소량의 장액이 들어있다. 포유류에서는 흉막강이 횡경막에 의해 복막강에서 떨어져 원시적 동물에서는 미분화된 흉막강과 복막강을 합쳐서 단순히 체강총복막강이라고 하는 경우가 있다.

(동의어) 가슴막공간(Pleural Cavity) *생명과학 대사전 인용

열 번째 손목을 쓰기 때문이다.
손목을 코킹하고 다운스윙 시 릴리즈 타이밍을 맞추기란 정말 어려운 일이며 손목으로는 층간도를 그릴 수가 없다.
나란한 스윙에서는 손목 대신 대칭점을 이용하여 층간도를 그리며 일체 손목을 쓰지 않는다(103p 사진 참조).

열 한번째 어드레스 때 몸무게를 발바닥 하체에 두기 때문이다.
하체에 몸무게를 두면 백스윙 시 상체뿐만 아니라 하체가 뒤틀리기 쉽다고 본다.
몸무게를 상체에 둠으로써 쉽게 턴 할 수 있으며 하체뿐만 아니라 상

체도 뒤틀리지 않는다. 상체를 턴해야 함으로 상체에 무게를 두는 어드레스를 하여야 한다고 본다(하체에 몸무게를 두었을 때와 상체에 몸무게를 싣고 다운스윙, 백스윙을 해 보면 알 수 있다).

열 두 번째 골프 스윙 축을 하나만 사용하기 때문이라 본다.
일반적으로 척주스윙 축으로 백스윙을 하다보면 테이크백 이후 스윙에서 많은 어려움이 뒤따른다고 본다.
두 개의 스윙 축을 사용한다.
몸의 중심점과 가로축(골반하구 축) 두 축을 사용함으로써 층간도를 그릴수가 있다(28, 46p 참조).
이러한 문제점들을 해결 할 수 있는 이론서이다.

제 1 장
중력을 이용한 골프 스윙이란 무엇인가?

팔을 짧게 하여 나란한 궤도를 그린다

왜 나란한 궤도를 그려야 하는가

개요

스윙을 할 때 퍼터는 가로 폭은 넓어도 세로 폭은 거의 없으며 드라이브 또한 가로 폭은 아주 넓으면서 세로 폭은 좁다. 탄성의 몸을 만들면서 궤도를 그려야하기에 나란함이 부족할 정도로 나란한 궤도를 그려야 한다 했다. 방향을 직선으로 나란한 궤도를 그릴 때 인체의 각 부분의 메커니즘이 정상적으로 작동하여 나란한 궤도를 그릴 수가 있다. 몸 부위 대근육 등을 직접 사용하게 되면 많은 어려움이 뒤따르게 됨은 잘 알고 있을 것이다. 그래서 나란한 궤도를 그려야 한다(68p 참조).

나란한 골프 스윙이란 무엇인가?

개요

사람의 인체와 골프클럽을 함께 이용하여 높고 낮은 옥탑방 집을 짓는 공사라고 생각하면 쉽다.

집을 지을 때 가장 중요한 것은 기초가 튼튼해야 하고 좌·우·상·하·앞·뒤가 수평(균형)을 이루어야 바람직한 집이 될 수 있듯이 몸 중심점 축과 골반 하구 축으로 인체와 골프클럽의 집을 짓는 과정에서 대칭점 또한 수평(균형)을 잡는 역할을 하게 되며 낮고 높은 옥탑 방 층간의 집을 지을 수 있는 역할도 한다. 층간의 집을 짓는 과정이 다운스윙, 백스윙이며 탑이 완공된 옥탑 방 집이 된다. 다시 해체하는 과정이 다운스윙이며 원점에 돌아온 것이 임팩트이다. 다시 반대편 집을 짓는 과정이 팔로우 스루이며 피니시 탑이 완공된 옥탑 방 집이 된다.

집을 짓고 해체하고 다시 반대편 집을 짓는 과정에서 발생하는 시간과 공간 에너지로 공을 날려 보내는 것이 나란한 골프 스윙 이론의 개념이 된다(에너지의 변환, 59p 참조).

(설계도면에 따라 미리 옥탑 방 위치를 설정할 수 있어 정확하게 다운스윙, 백스윙 옥탑 방을 그릴 수가 있다)

(퍼터, 러닝어프로치는 아주 낮은 귀퉁이 옥탑방 집이라 생각하면 쉽다)

이러한 골조 공간 옥탑방 집을 설계도면에 따라 기초 골조작업에 들어가기 전 지금까지 해오던 스윙의 집에서 내가 안전하고 안락하게 살 수 있는지 체크해 보고 잘못된 부분이 있다면 다시 설계해야 되지 않을까.

팔을 짧게하여 나란한 궤도를 그린다.

　다운스윙, 백스윙 방향을 직선으로 하여 나란한 궤도를 그려 헤드로 끌어내려 왼손 수직점으로 임팩트(Impact)하여 팔로우 스루 피니시(Follow Through Finish)까지 하는 스윙이다(궤도를 상상하여 그릴 수 있고 몸이 뒤틀리지 않으며 평형성을 가진다, 22p 참조).

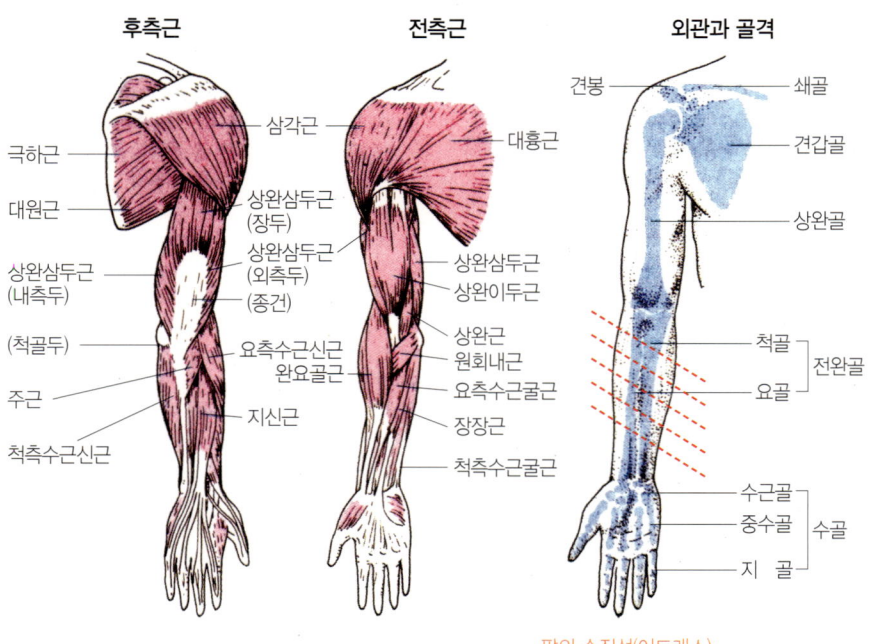

팔(각부 명칭 및 외관과 골격)

▼ 팔

상완과 팔꿈치 아래 전완으로 구분되며 근육은 굴근, 신근, 회선근을 포함하여 19개가 있어 작은 운동에 적합하며 팔의 안쪽 근육을 전측근이라 하고 바깥쪽 근육을 후 측근이라 한다.

팔의 근육은 어느 신체근육보다 감각을 잘 느낄 수 있으며 특히 전완의 근육은 잘 발달되어 있다.

◀ 다운스윙과 팔의 대칭점

다운스윙 할 때 오른쪽 하지 벽 축과 대칭하는 팔의 점을 대칭점이라 한다(손목에서 6~7cm 정도 들어온 지점으로 체형 팔 길이에 따라 다소 차이가 있다).

▼ 회선근(rotator)

목을 좌우로 돌리거나 손을 돌리거나 하는 근육.

팔은 다운스윙, 백스윙 할 때와 다운스윙 할 때 모두 우리 몸속에 있어야 한다. 그래서 대칭점으로 팔을 짧게 한다.

짧게 하지 않으면 일반적인 업라이트(팔을 치켜드는) 스윙을 할 수 밖에 없다(팔과 손까지의 길이가 몸속에 있을 정도로 짧다고 생각하고 스윙을 가상해보면 팔이 길어서 골프가 어렵다는 것을 알 수 있다).

◀ 왼손 중심점(수직점)

약지(제4지) 연결 중수골 앞쪽 2~3cm정도 지점에 중심을 잡아야 손등

손(수골의 명칭)

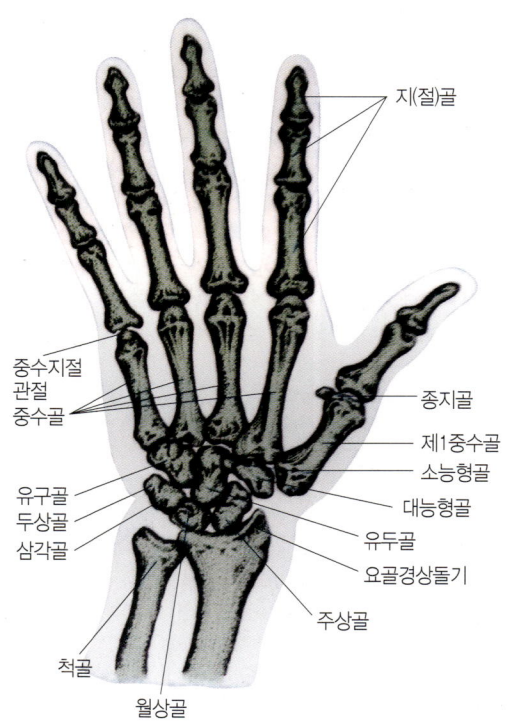

의 각도 변화를 없앨 수 있고 또한 팔의 각도도 유지할 수 있으며 이 손 수직점으로 임팩트 하게 된다(수직점이라 생각해야 각도변화를 없앨 수 있다).

어드레스 손등과 다운스윙 임팩트에서의 손등의 각도를 같이하기란 정말 어렵다고 본다 그래서 손등의 각도 변화를 없앨 수 있는 곳이 수직점이다(딴 곳에 수직점을 둔다고 생각하고 시험을 해보면 알 수 있다).

◀ 탑에서 시간과 공간확보를 하는 스윙

클럽헤드를 비행체로 보고 급상승한 비행체가 급하강할 때 탑(반환점)에서 시간과 공간이 필요할 것이다. 궤도를 상상하여 다운스윙, 백스윙을 함으로 시간과 공간 확보가 쉽다.

(90년대 김미현씨가 미국 LPGA에서 우승한 이유 중 하나가 공간 확보를 잘했기 때문이라고 보며 세계적인 프로골퍼들도 이 공간을 확보하지 못해 트러블 샷이 나오는 것을 볼 수 있다.)

◀ 몸의 중심점(못을 박는 곳)

척주 중 흉추중심에서 왼쪽 2~4cm 정도 지점으로 잡아 다운스윙, 백스윙 하다보면 몸의 중심이 오른쪽으로 이동하면서 왼쪽 축이 휘지 않고 오른쪽 축도 뒤로 빠지지 않으며 전체적으로 몸의 평형을 잡을 수가 있다.

(등 어깨에 골프채를 양손으로 잡아 척주 중심으로 회전할 때가 흉추 중심에서 3~4cm 정도 왼쪽에서 회전할 때보다 오른쪽 허리부분이 많이 빠짐을 알 수 있다.)

몸의 중심점이 나란한 스윙의 몸축이며 층간도의 주축이 된다.

▼ 흉곽

배면에 12 흉추, 전·배면 각 12 늑골사이 내늑간근과 외늑간근이 늑골의 상하운동을 관장한다.

흉곽(전면과 배면)

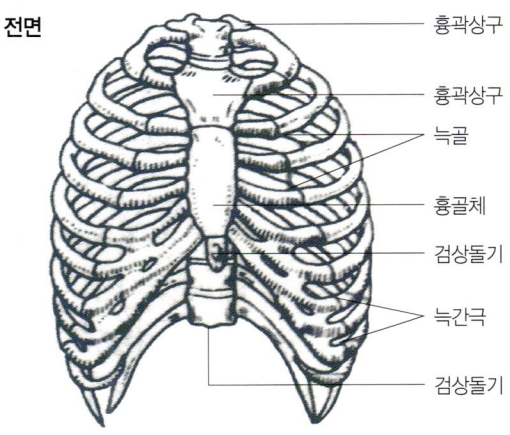

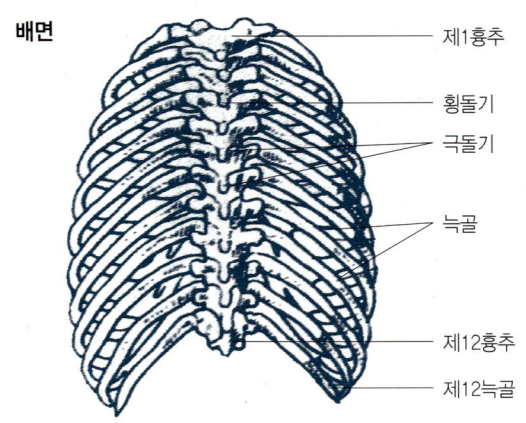

골프 스윙과 리듬, 템포, 어감, 심리

흉추중심 왼쪽에 몸의 중심을 잡을 때 중심을 잡기보다는 "못을 박아" 하는 게 효과적이며 "방향을 직선으로 나란히" 궤도를 상상하며 구호를 노래하듯 하면서 다운스윙, 백스윙 하게되면 심리적 안정도 찾을 수 있다고 본다.

그립(Grip)

베이스볼 그립으로 한다(내추럴 그립).

헤드(비행체)가 비행궤도를 그리는데 오른손이 방해하면 안 된다고 본다. 오른손은 왼손 등의 각도가 변하지 않도록 해야 하며 모든 스윙은 왼손이 주도하고 오른손이 도와줌으로 방향성에 문제가 있을 수 없다.

스탠스(Stance)

일반적으로 퍼터에서 드라이버까지 오픈스탠스(Open Stance)에서 스퀘어스탠스(Square Stance), 클로즈드스탠스(Closed Stance)로 옮겨가며 지형변화에 따른 스탠스 변화도 주어야 한다.

어드레스(Address)때 몸의 중심점 찾기

흉추 중심에서 2~4cm 정도 왼쪽에 중심점이 잡히도록 한다.
(어드레스 때 몸을 오른쪽으로 약간 틀기 때문에 이미 몸 중심이 흉추 중심에서 왼쪽으로 옮겨져 있다. 이 점을 몸의 중심점으로 잡아야 한다.)
(28p 사진 참조)

◀ 클럽 길이와 중심점의 변화

클럽이 짧으면 흉추아래쪽, 클럽이 길수록 점점 중심점을 올려 잡아야 하며 긴 클럽은 흉추에서 3~4cm 왼쪽에 클럽이 짧을수록 점점 왼쪽으로의 폭이 좁아진다(백스윙 할 때 몸의 중심점에서 드라이브가 적게, 피칭 웨지가 더 많이 상체가 턴 됨을 알 수 있다).

나란한 골프 스윙 이론을 정립할 수 있었던 것은 몸의 중심점이 옮겨져 있으며 클럽 길이에 따라 변한다는 것을 알았으며 팔의 대칭점 발견과 함께 평형(수평), 등중력면의 나란한 스윙이론을 정립하는 기초가 되었다.

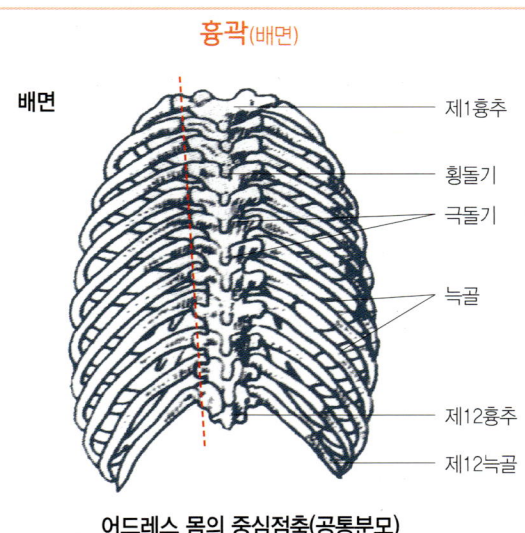

어드레스 몸의 중심점축(공통분모)

대칭점과 몸 중심점을 찾아 즐거운 라운딩이 되기를 바랄 뿐이다.

◀ 삼각축(어드레스)과 공의 위치

몸의 중심점과 왼손 수직점 헤드면으로 목표 방향을 잡아야 한다. 이 세곳 삼각축이 임팩트 때도 똑같아야 한다.

▼ 공의위치

모든 볼의 위치는 이 삼각 축 헤드 앞에 두어야 하며 클럽길이와 지형 변화 어떤 구질의 샷을 할 것인가에 따른 몸 중심점 축, 길이를 조정한 삼각 축 헤드 앞에 두어 다운스윙, 백스윙을 해야 수평 등중력면의 다운스윙, 백스윙을 부드럽게 할 수 있다.

▼ 스탠스(Stance)와 어드레스(Address)

어드레스 때 스탠스가 바로 되었는지 양발을 조금씩 이동하여 올바른 스탠스 어드레스가 되어야 한다.

▼ 어드레스(Address)때 몸의 중심점과 왼손 중심점(수직점)에 대한 생각

다운스윙, 백스윙 때 몸의 중심점과 손의 수직점이 흐트러지지 않도록 몸의 중심점은 최소한 연장선상 이동을 생각하여야 하며 손의 수직점은 수직연장선상에 둔다고 생각하여야 한다.

그래야만 몸과 팔의 평형이 무너지지 않고 손등의 각도를 유지할 수 있으며 몸 전체의 평형성을 유지 할 수 있다.

손의 수직점이 연장선상으로 이동하지 않으면 배가 파도를 만나 뒤집히는 현상과 똑같다. 수직점은 항해중인 선박의 키(조종간)와 같다.

◀ 나란한 골프 스윙과 늑골과의 관계

골프 스윙에서 나란한 궤도를 그릴 수 있는 것은 늑골의 내 늑간근과 외 늑간근이 늑골의 상하운동을 관장하기 때문에 가능하며 몸의 비틀림을 없앨 수 있고 몸 전체의 평형을 잡을 수 있으며 탄성의 몸을 만든다고 본다.

늑골(사람)

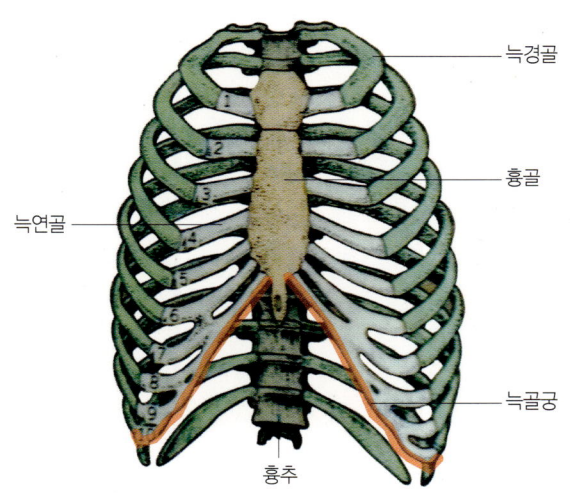

◀ 팔의 중심선(수직선)

왼팔 전측근 옆에 수직선을 둔다.

다운스윙, 백스윙은 팔의 운동범위가 우리 인체 중 제일 크기 때문에 손 수직점 만으로 손, 팔의 각도와 궤도의 일정함을 유지하기가 어려워 팔의 수직선을 찾게 되었다.(팔의 바로메타)

(어드레스한 왼 팔 전측근 옆 수직선이 되어야 한다.)

▼ 팔의 수직선의 변화

짧은 채에서 긴 채로 감에 따라 전완 전측근 아래쪽에서 점점 위쪽으로 간다.

팔 사진(21p) 참조

(전 측근 옆에 수직선을 둠으로서 팔과 손의 각도 변화를 없앨 수 있다. 이것은 몸 중심점 변화와 기하학적으로 일치하고 스탠스에 따른 변화도 몸 중심점 변화와 마찬가지다)

지형변화와 스탠스 몸 중심점의 변화

클로즈드 스탠스일 경우 클럽 길이에 비해 몸 중심점이 올라가며 오픈스탠스일 경우 클럽 길이에 비해 중심점이 내려와야 함을 알 수 있다.

불규칙한 지형에서도 그 지형에 맞는 스탠스 몸 중심점으로 스윙하게 되면 좋은 샷을 구사할 수 있다.

많은 골퍼들이 내리막과 오르막 불규칙한 지형에서 어택각등 으로 지형 변화를 대처하려 하는데 다운스윙에서 많은 문제가 생긴다고 보이며 결국 몸과 손, 헤드의 엇박자를 초래하게 된다고 생각한다.

지형의 변화를 스탠스와 몸 중심점으로 해결해야 함이 우선이다.

◀ 나란한 골프 스윙의 팔과 손의 경계

골프가 어려운 이유 중 첫째가 팔이 길기 때문이며 이 팔을 짧게, 손을 길게 잡는다.

이 지점이 팔의 대칭점이며 탑에서 층간도를 그리는 역할을 한다.

나란한 골프 스윙에서는 다운스윙과 백스윙에서 상완부터 대칭점까지도 팔을 손이라 생각하고 손과 팔을 구분하지 않고 같은 운동능력과 감각을 공유하게 함으로써 층간도를 그릴수가 있다. 다시 정리하면 대칭점까지 팔도 손이며, 대칭점부터 헤드까지도 손이다. 그 경계 대칭점은 중요한 역할들을 하게 된다.

제 2 장
안전하고 안락한 골조 옥탑방이란?

안전하고 안락한 옥탑방이란?

생각한 안전한 옥탑방 집을 지으려면 다운스윙 백스윙을 아래와 같이 해야된다(87p부터 스윙 모습 참조).

- 최저층 귀퉁이 옥탑방은
  2. 1. 2(단층) 순으로 다운스윙

- 중간층 귀퉁이 옥탑방은
  2. 1. 2. 1. 2 순으로 다운스윙

- 최고층 피라미드식 옥탑방(하프, 풀스윙)은
  2. 1. 2. 1. 2. 1. 2. 1. 2 순으로
  단층 골조 작업을 해야한다.

골조가 부족하다 싶으면 1.2 순으로 골조를 더 사용해야 한다.
단, 마무리 골조는 2단층으로 해야하며, 좌·우·앞·뒤·상·하 균형을 잡으려면 보강하여야 한다. 이 보강공사가 본 이론에서의 마지막 구호 "호환눈"이 된다.

* 호환 : 서로 교환함

최저층 귀퉁이 옥탑방부터 최고층 피라미드식 옥탑방 하나하나가 변환에너지 옥탑방이 된다.
(59p 에너지의 변환 참조)

◀ 층간도

나란한 스윙이라야만 층간도를 그릴 수 있다. 왜냐하면 팔에 대칭점을 두어 팔을 짧게 손을 길게 하여 팔은 몸속에서 균형을 잡고 손은 팔층과 헤드간의 층간도를 그리는 역할을 하기 때문이다. 단, 팔을 손으로 생각하는 것은 앞에서 설명했듯이 능력과 감각을 공유하게 함이고 팔과 손의 경계는 대칭점임을 잊어서는 안 된다.

▼ 나란한 골프 스윙 이론에서 층간도가 핵심이다

현재 두 종류의 스윙이 있다고 한다.
그 중 플랫스윙(Flat swing)을 보면 헤드와 팔이 몸 밖으로 나가는 스윙이고 업라이트 스윙(Upright swing)은 왼팔을 치켜드는 스윙임을 알 수 있다. 팔이 몸 밖으로 나가면 통제가 어렵고 왼팔이 평형(수평)을 이루지 못하면 몸 전체가 비틀린다는 것도 알 수 있다. 사람의 신체조건(키 등)이 어떠하든 클럽 길이가 길든 짧던 평형(수평)과 균형된 스윙 몸을 만들면 된다고 생각한다. 신체조건에 따라 클럽의 길이에 따라 스윙을 달리해야 된다면 주말 골퍼로선 인내하기 힘 든다고 생각한다. 대부분 결국 요령의 골프를 하게 되며 골프가 어렵고, 재미없고 짜증만 난다며 그린을 떠나는 골퍼들을 많이 보았을 것이다.

2.1.2 단층 옥탑방 철골 조립과정에서 제일 낮은 귀퉁이 옥탑방이 퍼터요 러닝어프로치며 2.1.2 단층 골조를 추가하면서 점점 거리를 늘려가는 샷을 할 수 있을 것이며 골조를 더 추가하다 보면 하프, 풀스윙, 백스윙이 되는 것이다.

다음장에서 관성질량의 원리로 다운스윙 백스윙 하는데도 이 골조 작업 단계단계가 같이 적용됨을 알 수 있을 것이다.

이 골조공간 옥탑방집에 생체역학이란 살을 붙이고 층간도를 그릴 수 있는 물리학적 법칙을 대입 시켜 인체 메커니즘으로 살아 숨쉬는 집을 지을 수 있다면 쉽게 골프를 배우고 즐길 수 있지 않을까.

제 3 장
중력을 이용한다

에너지 / 에너지의 변환 / 관성 모멘트

▼ 에너지(Energy)

물체가 지니고 있는 물리적인 일을 할 수 있는 능력

▼ 에너지(Energy)의 변환

에너지는 상호간에 변환할 수 있다.

일반적으로 에너지는 그 형태를 바꾸어도 변환의 전후를 통해서 그 총량은 변하지 않고 유지된다.

▼ 관성 모멘트(Moment of inertia)

어떤 축의 둘레를 회전하고 있는 물체는 그 축의 둘레에서 회전을 지속하려고 하는데 그 관성의 크기를 나타내는 양

◀ 여섯 곳에 중심(못)을 박는다(어드레스 할 때)

몸 중심점과 대칭점에는 못을 박고 양발 엄지 들어간 곳 안쪽, 양 무릎 안쪽 중간지점, 골반 결합선점 양쪽과 앞가슴 앞 네 곳은 가로로 긴 못을 박음으로서 상 하체의 비틀림을 없애고 평형성을 유지 할 수 있다.

다운스윙 백스윙에서 이 네 곳 중 한 곳이라도 비틀린다면 몸 전체가 비틀리고 균형을 잃게 된다는 것을 알 수 있다. 앞가슴 앞 중심(못)은 가상의 중심으로 못을 박을 곳이 없어 가슴 앞에 둔다고 생각하면 된다.

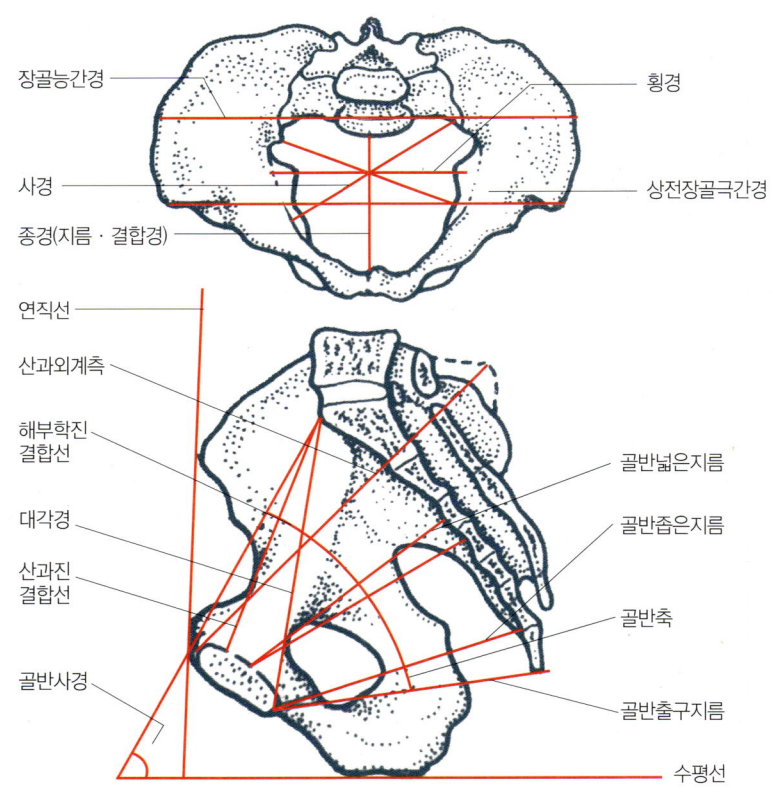

▼ 결합선점

골반 계측에서 해부학진 결합선이 지나는 깊은 곳을 줄여서 결합선점이라 한다.

▼ 이석

머리 무게가 몸무게에서 차지하는 비중은 아주 크며 목으로만 지탱하기 때문에 다운스윙, 백스윙시 균형을 잃기가 쉽다. 이석 위치만으로 균형을 가늠하기가 어려워 눈과 편의상 이석이라 하여 균형을 잡는데 많은 도움이 되는 위치다. 머리의 균형을 잃으면 몸 전체 균형이 흐트러진다. 머리의 평형(수평)이 아주 중요한 이유다.

(양쪽 귀 뒤 움푹 들어간 곳을 편의상 이석이라 한다.)

◀ 중력층(수평 중력층)

앞가슴 앞 등 네 곳(가로 못 박은 곳)을 중심으로 중력층이 형성되었다고 생각하고 우리 몸에 익숙한 물 수평 중력층이 펼쳐있다고 생각해야 한다(경사도와 상관없이 중력층을 수평 중력층으로 생각해야 우리 몸이 잘 반응한다고 본다).

▼ 표준 중력 ①

계산을 통해 얻은 값을 표준 중력이라 한다.

◀ 골반과 근막

허리 부분을 형성하고 있는 깔때기 모양의 골격.

골반 위쪽을 골반상구 아래쪽을 골반 하구라고 하고 골반하구는 근육과 근막으로 덮여 있으며 골반의 경사도는 자세와 운동에도 크게 영향을 끼친다(이 근막이 나란한 스윙 가로 축의 역할을 수행하는데 중요한 역할을 한다).

사람은 직립체위이기 때문에 다른 동물에 비하여 골반이 잘 발달하여 특이한 형태를 하고 있다.

남녀의 골반 비교

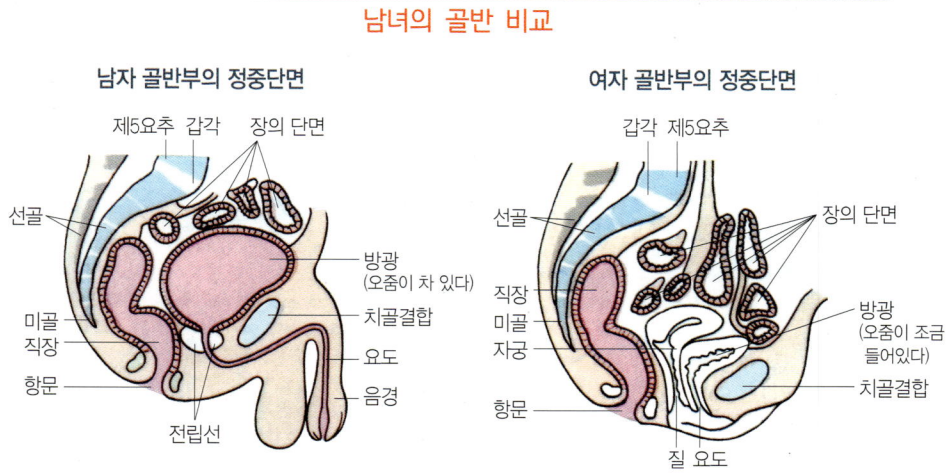

골반은 남녀의 성차가 가장 뚜렷한 부분으로 남자의 골반은 높고 좁으나 여자의 골반은 낮고 넓다.

▼ 근막
근육의 겉을 덮고 있는 결체직성의 얇은 막 근육의 지나친 수축을 적당하게 하도록 작용을 함.(The Fascia)

▼ 결체조직
동물체의 조직의 하나, 동물체의 기관 및 조직사이를 메우고 또 이들을 지지하는 조직, 산재해있는 소수의 세포와 그들 사이를 메우는 간충질로 되어 있음.(Connective tissue)

▼ 간충질
동물의 기관과 가관 사이를 메우고 있는 결합 조직성의 세포군

* 삼성문화사 국어대사전 인용

▼ 표준중력 ②
지오이드(Geoid)상의 중력값을 표준중력이라 하는데 각지의 중력은 표준중력과 중력이상과의 합으로 정해진다. 중력측정→무게→질량

지오이드(Geoid)

지구체
① 지구 표면의 등 중력면
② 1의 면에 의해서 만들어지는 타원체

질량(Mass)

어떤 물체에 포함되어 있는 물질의 양.

뉴턴 역학에서 두 물체의 질량의 비는 이것들이 서로 힘을 받았을 때 생기는 가속도의 역수의 비와 같다는 것으로 정의된다. 즉 관성질량을 말한다. 또는 각각의 물체에 작용하는 지구의 중력의 비로서 정의되는 중력질량을 말할 수 있다(질량 보존의 법칙, 질량 불변의 법칙, 질량 작용의 법칙 참고).

귀

1. 청각 수용기 또는 평형 청각기의 속칭으로 청각과 평형각을 관장하는 감각기
2. 전정의 구형낭과 난형낭은 위치 각기로서 또 반규관과 그 팽대부는 운동 각기로서 제각기 평행감각을 관장한다.

제3장 중력을 이용한다

귀의 구조

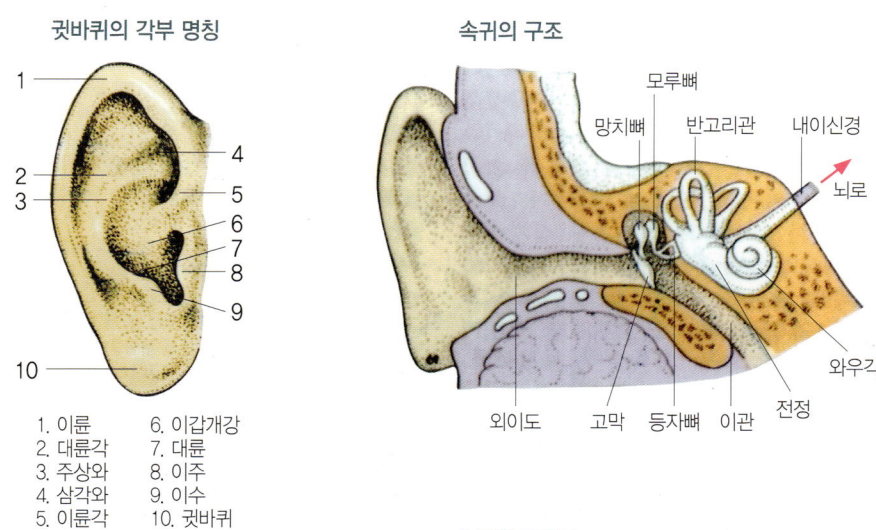

귓바퀴의 각부 명칭

1. 이륜
2. 대륜각
3. 주상와
4. 삼각와
5. 이륜각
6. 이갑개강
7. 대륜
8. 이주
9. 이수
10. 귓바퀴

속귀의 구조

속귀의 모형도

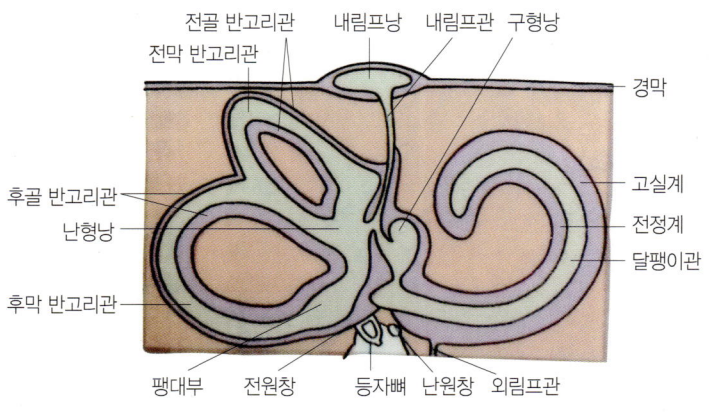

중력각

중력의 방향을 알리는 감각

수용기로는 강장동물에서 척추동물에 이르는 넓은 범위의 동물에 걸쳐 평형포(平衡胞 : Statocyst)라는 감각기가 있다. 이것은 내부에 체액이 들어 있는 주머니 모양의 기관으로, 주벽(周壁)의 안쪽에 유모수용세포(有毛受容細胞)가 있고, 주머니 속에는 이석(耳石)이라는 돌이 있다. 체위가 중력 방향에 대하여 변하면 이석이 정지하는 위치가 변하게 되고, 다른 감각모가 자극되어 중력의 방향을 느낄수 있도록 되어 있다.

중력각에 의하여 여러 가지의 자세 반사가 일어나므로 동물은 정상체위를 유지할 수 있다.
또 운동 중 체위의 평형도 유지할 수 있다.

관성

물체가 현재 하고 있는 운동 상태를 지속하려고 하는 성질, 타성이라고도 한다.

◀ 상체와 하체의 구분

나란한 골프 스윙에서는 골반하구부터 아래를 하체, 골반상구부터 위쪽을 상체라 생각해야 한다(양 결합선점 중심으로).

▼ 층간도
탑에서 대칭점 교차선과 헤드와의 층의 폭과 높이의 간격을 말한다.

제 4 장
인체를 지배하는 골프 스윙 메커니즘

물리학적 / 생체학적 / 에너지변환적 / 역할

제4장 인체를 지배하는 골프 스윙 메커니즘

1, 2, 3장에서 골프 스윙이 어떻게 이루어지는지 분석하여 보았다. 4장에서는 골프 스윙의 과학화를 기하고자 한다.

물리적 측면에서 본 어드레스와 다운스윙, 백스윙

◀ 어드레스 개념

▼ 일반적인 어드레스

우리가 하고있는 어드레스는 목표 방향으로 공을 날려 보내기 위한 목표 설정 어드레스라 본다.

▼ 스윙을 위한 어드레스

주말 골퍼들이 제일 어려워하는 부분이 일반적인 테이크백을 어떻게 하느냐이다. 이 테이크백이 퍼터, 짧은 어프로치 샷을 위한 테이크백이 되어야 하는데 각양각색의 퍼터 어프로치를 한다. 원리는 하나라고 본다. 직접 실험을 하기로 한다.

일반적인 어드레스 자세에서 "어드레스 전환" 하고 어드레스를 다시 해보면 에너지(대근육 몸부위)를 전혀 쓰지않고도 스윙을 위한 어드레스

가 이루어짐을 알 수 있을 것이다.

◀ 다운스윙과 백스윙의 정의

몸 앞쪽에서 이루어지는 스윙을 다운스윙이라 하고, 몸 뒤쪽에서 이루어지는 스윙을 백스윙이라 정의한다.

일반적으로 테이크백, 업, 탑을 그리는 과정을 백스윙이라 하나 본 이론의 스윙은 "다운스윙과 백스윙 간에 역수의 비 등중력면의 임펙트(내리쏘는) 충간도를 그림"으로서 명실공히 역수의 비(관성질량) 원리가 적용 된 탑이 완성 된다.

등중력면은 지구표면의 등중력면 즉, 백스윙탑 클럽과 몸 전체가 등중력면이 되어 좌우앞뒤값(무게질량)이 같게 된다.

탑에서 임펙트까지는 다운스윙이며 임펙트 이후는 다운스윙에서 백스윙으로 전환하게 된다, 팔로우스루가 다운스윙이며 피니시가 백스윙이다.

중력을 이용한 골프 스윙 이해도

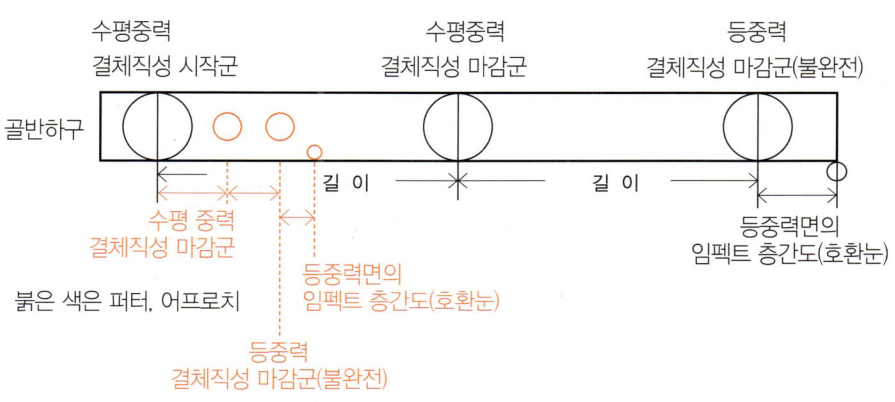

- 폭(등중력)은 몸중심점 이동폭이며 앞서 몸중심점은 최소한의 이동이라 하였다.
- 두공통분모 결체 길이와 폭과의 역수의 비람함은 길이와 폭을 각기 물체로 보기 때문이다(두물체).
- 다운스윙은 길이와 폭과의 역수의 비
  백스윙은 폭과 길이와의 역수의 비며 이를 줄여서 다운스윙과 백스윙 간에 역수의 비 등중력면의 임펙트 층간도를 그린다 한다(호환눈).
- 탑에서 백스윙 다운스윙 할때는 반대로 길이와 폭과의 역수의 비 폭과 길이와의 역수의 비 임팩트 원리며 이를 줄여서 역수의 비 임펙트라 한다(템포).
- 퍼트, 짧은 어프로치도 똑같은 원리며 템포상 줄여서 구호한다.

생체역학 측면으로 본 골프 스윙과 골반하구의 역할

앞서 골반하구부터 아래를 하체 위를 상체라 하였다. 골반의 경사도는 자세와 운동에도 크게 영향을 끼친다 하였다.

골프 스윙에서 골반하구를 어떻게 등중력면으로 만들것인가 골반하구의 수많은 간충질군을 이용하여 에너지 등분배의 법칙에 따라 그림과 같이 골반하구를 등중력면으로 만든다.

이 골반하구가 골프 스윙 등중력면을 이루는데 가장 중요한 역할을 담당한다.

◀ 에너지 등분배의 법칙

열평형상태에 있는 역학계의 에너지는 각 자유도마다의 평균 값이 같도록 분배된다는 법칙.

열평형을 두열평형이라 생각해야 골반하구를 비틀리고 꼬이지 않게 할 수 있다. 두열이라 함은 결체직성마감군으로 가는 열과 결체직성 시작군으로 되돌아 오는 두열을 말한다.

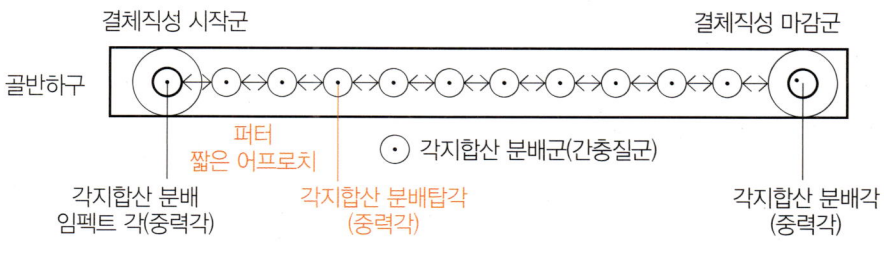

에너지의 변환 측면에서 본 철골옥탑방 공사

◀ 에너지(Energy)의 변환

에너지는 상호간에 변환할 수 있다(43p 참조).

대칭점의 역할

첫째, 팔을 짧게 함으로서 물리적 원리를 적용 할 수 있다.
둘째, 팔을 짧게 함으로서 에너지를 변환하게 할 수 있다.
셋째, 팔을 짧게 함으로서 에너지 효율을 극대화 할 수 있다.
넷째, 팔을 짧게 함으로서 층간도를 그릴수가 있다.
짧게 하지 않으면 물리적 법칙을 적용할 수가 없다.

일반 스윙에서 테이크백과 테이크백업을 하다보면 자연스럽게 이루어지지 않고 많은 에너지를 소비하게 됨을 알 것이다.

그래서 시간과 공간 에너지를 직접 사용하지 않고 변환하여 사용 할 수 있도록 대칭점이 역할을 하며 또한 관성질량 원리를 적용할 수 있게 대칭점이 역할을 한다. 옥탑방 공사를 2단층 1단층 2단층 순으로 함으로서 하나의 변환 에너지 옥탑방이 만들어진다. 그래서 2단층을 공통분모라 한다(스윙사진 참조). 모든 클럽 퍼터부터 드라이브까지 대칭점이 에너지 변환 역할을 다하게 된다. 탑에서 등중력면의 층간도를 그리기 위해선 대칭점 기준 왼팔을 등중력면으로 만들어야 한다. 그렇지 않으면 지금까지 해오던 코킹을 하고 다시 릴리스 하게 되며 일정 몸부위로 헤드를 끌어내리는 복잡한 과정을 거쳐야 하는데 주말 골퍼로선 인내하기가 힘든다 본다.

스윙사진을 보면 대칭점 왼팔이 몸속에 숨어들어있다.
이 숨어들어있는 대칭점 또한 변환에너지의 대칭점이 된다.
일반 스윙에서의 코킹이랄까.
일체 몸을 쓰지 않고 직접 헤드부터 끌어내리는 스윙을 상상해 보자. 그래야 다운스윙의 궤적이 다 보이며 느껴진다.
우리가 일반적으로 말하는 백스윙과 다운스윙에서 일정 몸부위 대근육등을 일체 직접 사용하지않고 오직 물리적 원리만으로서 스윙하기에 적은 에너지로 최대의 효과를 걷을 수가 있다.

인체를 지배하는 메커니즘 측면에서 본 구호, 노랫말

　앞서 어드레스헤드와 탑헤드의 세로간의 폭은 드라이브라도 그리 크지않아 나란함이 부족할 정도로 나란한 궤도를 그려야 한다 하였고 구호, 노랫말 등에 유사한 단어를 사용하니 우리 몸이 말(반응)을 들어주지 않았다 하였다.

　본서에서 사용하는 어드레스멘탈, 스윙멘탈, 구호, 노랫말 등은 실체로서 관성질량, 에너지변환 간충질 등을 구호 노랫말 등으로 메커니즘 본연의 역할을 다하게 한다.

　그 예로 스윙어드레스 실험을 해 보았고 실체가 아닌 허체로 테이크백, 업을 하니 우리 몸이 전혀 말(거부반응)을 듣지 않았음을 확인하였을 것이다.

◀ 실체라야 반응하고 허체는 거부 반응한다

▼ 인체(Body)

사람의 신체 흔히 정밀한 기계와 같다고 하지만 그러나 어떠한 정밀 기계도 비교가 안될 매우 복잡하고 다양한 구조와 기능을 가진 것이 인체이다. 해부학이나 조직학으로 인체의 구조를 조사하고 생리학이나 생화학으로 인체의 기능이나 작용을 조사해보면 볼수록 인체의 정교함에 경탄을 금할 길이 없게된다(동아 세계대백과 사전 인용).

실체
1. 실제의 물체
2. 성질 또는 작용의 본체

◀ 작용의 본체(실체)와 작용의 허체

앞서 몸 앞쪽에서 이루어지는 스윙은 다운스윙이라 정의하였고 몸 뒤쪽에서 이루어지는 스윙은 백스윙이라 정의한 바 있다.

스윙 어드레스 개념이 작용의 본체(실체)이기에 무리없이 스윙어드레스를 만들 수 있었다. 그동안 우리는 테이크백 테이크 백업의 작용의 허체를 실체로 잘못 알고 오랫동안 안개속을 헤매였고 피와 땀만을 요구하여 힘들었고 어려워 짜증을 이기지 못하고 결국 골프채를 던져야만 했다. 작용의 본체가 다운스윙이며 작용의 본체가 백스윙임을 잊어서는 안 된다.

이제 작용의 본체(실체)에 의한 과학화된 골프 스윙으로 각자의 체력 증진은 물론 누구나 다같이 즐길 수 있는 골프문화를 만들어가야 할 것이다. 나아가 과학화된 골프 스윙 이론을 전세계에 널리 보급하여 우리나라 위상을 더 한층 높이는 계기가 되고 우리 프로골프 선수들에게도 변화와 희망의 메시지가 되었으면 한다.

문재인 정부 국민정책제안 광화문 일번가에 필자가 제안한 제안서 중 본인 이론 사진과 외국자료 사진을 비교 분석토록 하였다(87p 사진 참조).

골프 스윙에서 제일 중요한 탑의 자료를 찾기가 힘들었다.

필자의 이론은 물리적 원리에 따라 탑을 그리고 헤드부터 끌어내리는 에너지 극대화의 스윙이다. 일반 골프 스윙은 독자 여러분이 더 잘 알고 있을 것이다. 본서의 원리는 퍼터부터 드라이브까지 똑같이 적용되는 법칙이다(저작권으로 외국자료 사진을 수록하지 못하였으니 외국자료 참고 바람).

젊었을 때 싱글핸디 친구들도 점점 나이가 드니 몸 부위 대근육등을 지탱하지 못하고 운동기억감 마저 잃어가니 그 좋은 스윙모습은 온데간데 없고 골프채만 원망하네.

골프는 중년분들의 여가운동으로서 자리매김함이 바람직한데 마땅한 운동을 찾지 못하고 골프채를 던지는 현실이 안타까울 뿐이다.

아웃라이어의 일반시간의 법칙

과학화 된 골프 스윙 이론이다.
- 팔을 짧게하여 옥탑방 공사가 가능하여 최저층 귀퉁이 옥탑방부터 최고층 피라미드식 옥탑방 공사를 2.1.2 순의 건축공학으로 가능하게 하였다.
- 생체역학의 골반하구 간충질 역할과 물리학의 관성질량을 적용할 수 있어 쉽게 배우고 익힐 수 있게 하였다.
- 건축공학의 옥탑방 공사과정, 생체역학의 간충질 역할과 물리학의 관성질량을 적용할 수 있어 쉽게 배우고 익힐 수 있게 하였다.
- 건축공학의 옥탑방 공사과정, 생체역학의 간충질 물리학의 관성질량 이들을 구호, 노랫말로 인체 매커니즘 즉 우리 몸을 유기적으로 반응토록하는 과학화 된 골프 스윙 이론서다(말콤 글래드웰의 베스트셀러 "아웃라이어"의 일반시간의 법칙 즉 옥내의 법칙에 안주하지않는 옥외자 즉 아웃라이어의 줄기차게 노력하며 또한 그것을 즐기면서 만시간 이상 투자하면 무엇이든 이룰 수 있음을 증명한 책).

제 5 장
관성질량, 에너지변환, 간충질 등을 지배하는 구호·노랫말(메커니즘)

제5장 관성질량, 에너지변환, 간충질 등을 지배하는 구호 · 노랫말(메커니즘) **67**

왜 관성질량 에너지변환 간출질등을 지배하는 구호, 노랫말이라 하여야 하는가?

실험을 통해 확인하려 한다.

스윙(멘탈) "다운스윙과 백스윙간에 역수의 비 등중력면의 임팩트(내리쏘는) 층간도를 그린다." 구호로 각자 리듬등을 만들어 스윙을 해 보면 우리 인체 각 부분의 메커니즘이 정상적으로 작동하지 않음을 알 수 있을 것이다.

어드레스(멘탈), 스윙(멘탈)은 부분적으로 작동하나 스윙전반에선 잘 작동하지 않음을 알 수 있다.

그래서 "바앙 지익 나아~란한 호환눈" 구호, 노랫말을 하면서 스윙해야 우리 인체가 말을 잘 들어준다는 사실이다.

이로서 골프 스윙은 나란한 운동이며 구호, 노랫말은 절대 필수 조건으로 항상 노래하듯 즐겁게 스윙을 하게되면 좋은 결과를 가져다 줄 것이다(스윙멘탈은 숙달이 되면 생략하여도 되나, 원리는 항상 염두에 두어야 한다).

골프 스윙은 나란한 운동이다

앞서 우리 몸에 명령지시를 하니 말(반응)을 잘 듣는다 하였고, 또한 거기에 맞는 단어 구호, 노랫말이라야 잘 반응한다 하였다. 인체의 각 부분의 메커니즘이 정상적으로 작동하는 이유는 교묘한 구조가 마련되어 있기 때문이라 하였다. 관성질량, 에너지변환, 간충질 등을 나란한 구호 노랫말로 명령 지시를 하니 거부반응없이 말(반응)을 잘 듣는다는 사실이다.

어떤 단어 구호, 노랫말로 우리 인체에 명령 지시해야 각 부분의 메커니즘이 정상적으로 작동하게 되는지?

그래서 5장을 관성질량, 에너지변환, 간충질 등을 지배하는 구호, 노랫말(메커니즘)이라 하였다.

인체를 지배하는 메커니즘 시대라 한다. 인체 메커니즘 구조에 알맞은 골프 스윙 이론을 펴나가지 않으면 안된다 생각한다.

인체를 지배하는 매커니즘

인체는 아주 정교한 기계다. 인체의 각 부분의 메커니즘이 정상적으로 작동하는 이유는, 인간의 몸속에 기적이라고 불러도 좋을 만한 교묘한 구조가 마련되어 있기 때문이다.

　저자 : 일본 뉴턴프레스

　역자 : 강금희

　출판 : 아이뉴턴(뉴턴코리아) 인용

메커니즘을 지배하는 구호, 노랫말

　구호, 노랫말이 귀에서 뇌로 전달되어 평형, 등중력면의 스윙 궤도를 그릴 수 있다.

　예 : 구령

　우리가 "앞으로 가!" 하고 구령하게 되면 앞으로 걸어가고 "제자리에 서!" 하면 서게 된다.

　이 "구령"이 메커니즘을 지배하기 때문이다.

　그래서 메커니즘을 지배하는 구호, 노랫말이라 하였다.

　인용(참고)

　감각 - 놀라운 메커니즘

발행처 : (주)아이뉴턴
발행인 : 이광호
번역 : 강금희

청각의 메커니즘

◖ 가속운동을 느끼는 메커니즘

사람의 귀는 소리만이 아니라 머리의 움직임과 기울기도 포착할 수 있다. 귀가 머리의 가속운동과 회전운동 기울기를 감지할 때 일어나는 감각을 평형감각이라고 한다. 머리의 가속운동과 기울기를 감기하는 것은 내이에 있는 막미로의 '난형낭'과 '구형낭'에 있는 유모세포이다. 한편 머리의 회전운동을 감지하는 것은 내이의 '반고리관'에 있는 유모세포이다.

◖ 회전운동을 느끼는 메커니즘

사람의 평형감각 가운데 머리의 회전운동은 내이의 반고리관에 있는 유모세포가 포착한다. 반고리관은 반원 모양을 한 관으로 '전반고리관', '후반고리관', '수평반고리관' 3개가 있다.

3개의 반고리관은 서로 직각으로 교차하는 위치관계에 있기 때문에 머리가 어떤 각도로 회전해도 회전운동을 감지할 수 있다. 3개의 반고리관을 합쳐 '세반고리관'이라고도 한다.

◀ 뇌에 전달되는 머리의 움직임, 기울기

난형낭과 구형낭, 반고리관팽대부의 유모세포는 머리의 움직임과 기울기를 감지하면 세포에 칼륨이온을 유입시켜 전기적인 신호를 '전정신경'에 전달한다. 그리고 전정신경은 신호를 '전정신경핵'과 '소뇌'에 전달한다.

전정신경핵에 전달된 신호는 안구의 움직임을 제어하는 복수의 신경핵과 머리의 근육과 몸을 지탱하는 근육의 움직임을 제어하는 척수에 전달한다. 또 전정신경핵에서 온 신호는 대뇌피질에 전해져 평형감각을 일으키는데 이 경로는 제대로 밝혀져 있지 않다.

구호 "호환눈"의 역할

모든스윙 마지막 구호 "호환눈" 두 눈은 헤드와 오른쪽 허리 부분이며 클럽과 몸전체를 등중력면의 임팩트 충간도를 그린다는 구호며 또한 다

운 스윙을 하기 위한 눈이다.

일반 스윙에서 코킹과 같은 역할을 하나 근본적으로 전혀 다른 중력을 이용하기 위한 눈이며 각기 중력의 방향을 알리는 감각기(중력각)가 되며 또한 변환에너지가 된다.

("에너지 변환 등중력면의 임팩트 층간도를 그린다"와 같음이다.)

▼ 호환눈

호환눈은 탑에서 좌, 우, 앞, 뒤 값이 같은(무게질량) 층간도의 눈이 되어야하며 백스윙 멘탈 "임팩트 층간도를 그린다" 함은 내리쏠수 있는 층간도를 그리라는 뜻이다. 다운스윙 구호 "역수의 비 임팩트"도 내리쏘는 역수의 비 임팩트가 되어야 한다.

호환눈은 중력각과 변환에너지간의 역수의비 층간도가 되어야 한다.

◀ 풀스윙

멘탈(Mental)
정신의, 마음의

▼ 멘탈(어드레스)

"여섯곳에 못(중심)을 박아" "중력을 모아" "두 공통분모 결체"

▼ 멘탈(스윙)

"다운스윙과 백스윙 간에 역수의 비 등중력면의 임팩트 층간도를 그린다." 하고 스윙구호에 따라 다운스윙, 백스윙을 한다.

(두 공통분모 결체라 함은 골반하구 앞부분과 몸중심점을 각각 결체로 보기 때문이다.)

〈57p 그림참조〉

▼ 스윙

"바-앙 지-익 나-아-란 한 호환눈" 하면서 다운스윙, 백스윙

"역수의 비 임팩트, 다운스윙, 백스윙 층간도를 그린다."

하면서 다운스윙 임팩트 다운스윙 백스윙 층간도를 그려야한다.

이때 임팩트 이후의 다운스윙 백스윙은 순식간에 이루어지기 때문에 각자 줄여서 구호하면 된다.

▼ 공통분모

여러 개의 다른 분수를 처음 분수의 크기는 변하지 아니하고 같게 통분한 분모 통분은 쉽게 말해서 구하려는 모든 분수의 분모들을 서로 같게 만드는 것이다.

> <예문>　3/4=3×6/4×6=18/24
> 　　　　5/6=5×4/6×4=20/24 으로 통분

백스윙 탑이 두 공통분모의 분자들로 구성되어 있다고 보면 쉽다.

(유명한 세계적인 렛슨프로가 방한하여 드라이브는 클럽의 길이가 너무 길어 따로 대안 스윙을 해야한다 하였을 때 과연 그럴까 의심치 않을 수 없었다.)

❙ 하프스윙

멘탈(스윙), 풀스윙과 구호 같으며 스윙
" 바앙 지익 나아~ 호환눈" 하면서 다운스윙 백스윙
다운 스윙 구호는 풀 스윙 구호와 같다.

❙ 퍼터, 짧은 샷

많은 골프 이론서에서 퍼터는 달리 방법이 없다고들 한다.
과연 그럴까 실험해 보기로 한다.

스탠스, 오픈스탠스, 어드레스 멘탈은 모두 같고 멘탈(스윙) "다운스

윙 임팩트 층간도를 그린다."하고 거리에 따라

"호 환 눈" 하면서 다운스윙

"방 호환눈" 하면서 다운스윙

"바앙지익 호환눈" 하면서 다운스윙해야 한다.

지금까진 백스윙이라 생각하였으나 다운스윙이라 구호하니 힘들이지 않고 쉽게 궤도를 그릴 수 있음을 확인하였을 것이다.

▼ 다운스윙 구호

"역수의 비 임팩트 다운스윙 층간도를 그린다." 하면서 다운스윙 하게 된다.

◀ 피치샷

공을 높이 띄워 핀 옆에 붙이는 샷
(벙커벽이 높은 벙커샷을 응용하면 쉽다.)

◀ 칩샵(피치 앤드런)

어느 정도 띄우고 그 다음에 굴러서 핀옆에 붙이는 샷

◀ 러닝샷

처음부터 굴려서 핀 옆에 붙이는 샷

일반적으로 숏 어프로치로 그린을 공략할 때 전방에 벙커등 장애물이 있으면 웨지를 사용하는 것이 좋고 작은 언덕이 있으면 9번 아이언, 앞이 훤히 잘 틔어있으며 7번 아이언을 사용하는 것이 좋다.

◀ 벙커샷(Bunker shot)

일반적으로 벙커샷이라 하면 클럽헤드가 직접 공을 때리는 것이 아니라 모래밑을 파고 들어가게 함으로써 이에 따라 발생하는 폭발력으로 인해 공이 튀어나오도록 하는 샷을 말한다.

이를 골프용어로는 "익스플로전 샷(Explosion shot) 이라고도 말한다. 벙커샷은 보통 잔디 위에서 치는 샷의 비거리보다 1/3정도 밖에 날아가지 않기 때문에 이를 사전에 알아두는 것도 도움이 된다. 벙커샷은 또 자신감을 가지고 대담하게 치는 것이 성공률을 높이는 한가지 비결이다.

또한 벙커샷은 클럽헤드의 무게를 이용하여 공 뒤쪽 1~2인치 지점에서 모래를 커트하듯이 파고들도록 해주어야 한다. 구호 노랫말은 똑같다.

제5장 관성질량, 에너지변환, 간충질 등을 지배하는 구호 · 노랫말(메커니즘)   77

◀ 벙커벽이 높은 벙커샷

최대한 경사 스텐스 어드레스를 하고 오른발 안쪽에 삼각축(삼각봉이 들어가도록)을 만들면 오른쪽 무릎 또한 하지 안쪽의 삼각축이 되며 오른발 오른쪽이 각이 세워지며 몸 전체 벽축이 만들어진다. 이 삼각 벽축이 어느 벽축보다 오른쪽 몸 축을 단단히 해주는 축이되며 엄청난 경사 스텐스를 만들어 준다.

(이때 클럽표준 몸중심점 보다 더 내려 잡아야 한다. 111p 사진 참조)

◀ 경사가 심한 내리막 샷

벙커가 아닌 내리막 샷은 주어진 경사면에서 스텐스 어드레스를 해야 하기에 왼발 안쪽에 삼각봉이 들어가도록 하여 발바닥 왼쪽 각을 세움으로서 왼쪽 벽 축이 만들어지며 이 또한 어느 벽축보다 강한 왼쪽 몸전체를 잡아주는 축이 된다.

(경사도에 따라 스퀘에 스텐스, 클로즈드 스텐스로 가야하며 표준몸중심점보다 올려 잡아야 한다. 112p 사진 참조)

이로써 드라이브부터 퍼터까지 똑같은 원리와 구호 노랫말로 쉽게 골프 스윙을 할 수 있음을 확인 할 수 있었을 것이다.

▼ 골프클럽의 특성과 기능

골프클럽, 특히 어프로치샷에서 어떤 구질의 샷을 어떤 클럽으로 할 것인가에 따른 어택각이 중요하며 로프트(Loft)각과 라이(Lie) 각 등도 생각해야 한다.

- 어택각 : 클럽 헤드가 볼을 타격하려고 접근하는 순간에 클럽면과 지면이 이루는 수직각

※ 골프 클럽의 특성 및 기능 등은 "김선웅교수"의 "원리를 알면 10타가 준다(대경북스 출판)"를 참고하면 경기력 향상에 많은 도움이 될 것으로 본다.

◀ 임펙트(Im-pe-tus)

1. 기동력, 반동력 여세
2. 운동력(라틴어 Impetus에서)

   (Im 위에 + petere 떨어지다 + tus 과거분사 의미 = 위에 돌입하기)

   〈금성 New Ace 영한사전 인용〉

◀ 템포

집을 지을때는 많은 시간이 필요하나 해체작업은 짧은 시간내에 이루

어진다. 스윙의 템포도 그 원리에 따라 다운스윙 백스윙과 다운스윙 임팩트와 다운스윙 백스윙의 템포를 달리해야 된다,

  필자는 이 분야 비전공 주말골퍼로서 일만시간 이상 투자하였다. 전문분야 연구에 더 많은 관심이 모아지길 바라며 피와 땀으로 이루어낸 우리 선수들의 승전보에 만족하지 말고 골프 스윙이론의 종주국으로 발돋음 할 수 있는 길이 무엇인지 고민해 보았으면 한다. 본 이론서가 그 초석이 되었으면 하는 바램이다.

제 6 장
구호와 노랫말 만들기

나란한 스윙에 맞는 구호와 노랫말로 각 나라 개인에 맞는 어감과 리듬 등을 만들어 쓰면 된다고 본다.

예시한 구호와 노랫말

앞에서 예시한 구호와 노랫말 어감은 나란한 골프 스윙이어야 된다는 확고한 신념 아래 만들어진 것이며 그로인해 나란한 골프이론을 정립할 수 있었다.

어드레스 구호 연습

어드레스에 자신감이 생길 때까지 어드레스 구호로 반복 연습하여 어드레스 몸을 만들어야 하며 그 이후도 항상 염두에 두고 스윙을 해야한다.

골프 스윙을 지배하는 구호, 노랫말

앞서 메커니즘을 지배하는 구호, 노랫말이라 하였으나 결국 구호, 노랫말이 귀로 전달되어 청각 메커니즘 작용으로 평형에 의한 등중력면의 층간도를 그리기 때문이다(70~71p. 청각의 메커니즘 참조).

닭(몸)이 먼저냐, 달걀(구호, 노랫말)이 먼저냐?

앞에서 언급한 바와 같이 나란한 스윙이어야만 된다 생각하고 하나 둘 풀어나가다 보니 팔이 길다는 것을 알고 대칭점을 찾게 되었으며 골프클럽 길이에 따라 몸 중심점이 변한다는 것을 알게 되었고 이 두 점만으로도 나란한 스윙으로 보기플레이는 할 수 있었으며 골반 등 우리 인체 중요 부분의 기능과 특성을 이용함으로써 나란한 골프 이론과 지침을 세상에 내놓게 되었다.

닭(몸)이 먼저가 아니라 달걀(구호, 노랫말)이 먼저였기 때문에 가능했다고 본다, 닭(몸)이 먼저였다고 생각했다면 영영 풀지 못할 숙제가 되지 않았을까 생각해 본다.

스윙할 때의 구호와 노랫말은 나란한 스윙의 절대 필수 요건이며 우리 몸과 자연의 법칙이 도와준다고 생각한다.

제 7 장
스윙 모습

제7장 스윙 모습 87

제안자 본인의 골프 스윙 이론

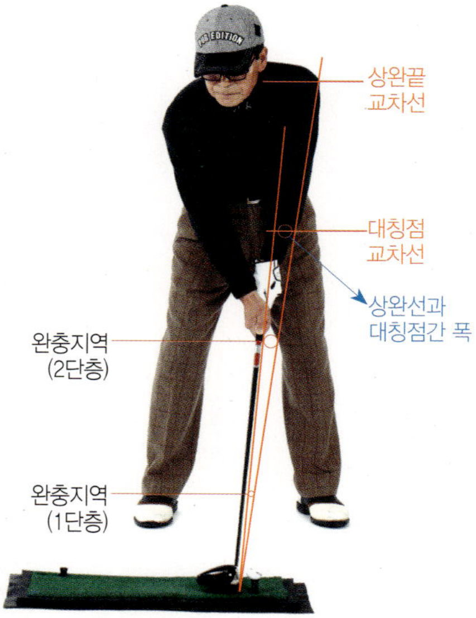

- 상완끝 교차선
- 대칭점 교차선
- 상완선과 대칭점간 폭
- 완충지역 (2단층)
- 완충지역 (1단층)

- 폭
- 높이
- 완충지역 (1단층)
- 완충지역 (2단층)
- 공통분모 지역
- 대칭점 교차선
- 왼팔상완끝 교차선

88　제1부 중력을 이용한 골프 스윙 이론

퍼터

오픈스탠스로 볼을 왼쪽에 둔다.

오른손 제2지*(집게 손가락) 면을 목표방향과 나란히 한다.

* 제2지 손가락이 어느 손가락보다 감각이 잘 발달되어 있다.

모든 탑은 상·하, 앞·뒤, 좌·우 값이 같아야 되며 특히 귀퉁이 옥탑방 다운스윙은 상, 하, 앞, 뒤 권형에 더 신경을 써야 한다.

◀ 다운스윙

층간도의 폭이 좁음을 볼 수 있다.

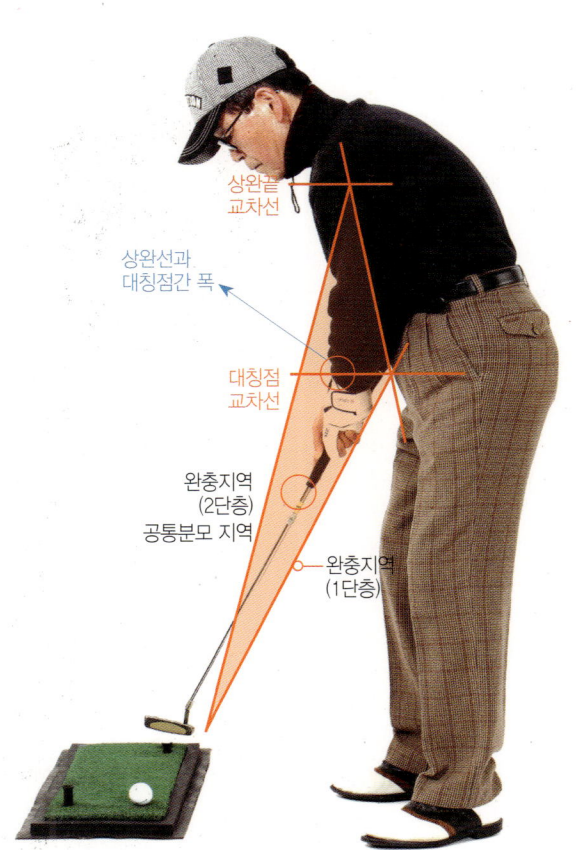

다운스윙 이해도

다운스윙에서 1단층, 2단층 완충지역이 형성되어야 원활한 다운스윙을 할 수 있다.

제1부 중력을 이용한 골프 스윙 이론

피칭웨지

오픈스탠스로 볼을 오른쪽에 둔다.

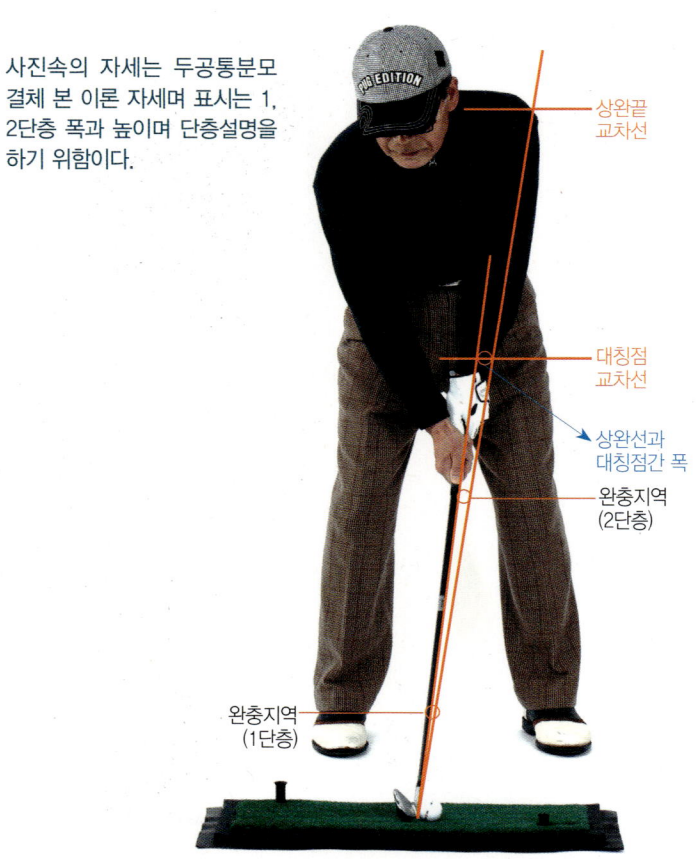

사진속의 자세는 두공통분모 결체 본 이론 자세며 표시는 1, 2단층 폭과 높이며 단층설명을 하기 위함이다.

상완끝 교차선

대칭점 교차선

상완선과 대칭점간 폭

완충지역 (2단층)

완충지역 (1단층)

탑

몸이 등중력면이 되어있으며
몸 중심점 기준 좌우값이 같다.

◀ 측면

앞뒤값이 같으며 균형을 이루었다.

◀ 임펙트

헤드가 몸속에 있으면서 몸 중심점 기준 좌우값이 같으며 균형을 이루고 있다.

플로우스루

이 지점까지 볼 있던 곳에서 눈을 떼면 안 된다.

제7장 스윙 모습 **95**

헤드가 몸속에 있으면서 몸 중심점 기준 앞,
뒤값이 같으며 균형을 이루고 있다.

피니쉬

헤드와 몸이 균형을 이루고 있다.

◀ 짧은 거리 칩샷

몸 중심점 기준 좌우 값이 같다.

▼ 완충지역

대칭점부터 헤드까지의 앞 뒤 공간을 편의상 완충지역*이라 한다.

* 이해가 상반되는 국가 간의 전쟁이나 무력충돌을 예방하기 위해서 그 국가들의 영역 사이 또는 세력범위에 있는 지역에 설치되는 일종의 중립지대

다운스윙 이해도

다운스윙에서 1단층, 2단층 완충지역이 형성되어야 원활한 다운스윙을 할 수 있다.

아이언 3번

스퀘어스탠스로 볼은 오른쪽에 둔다.

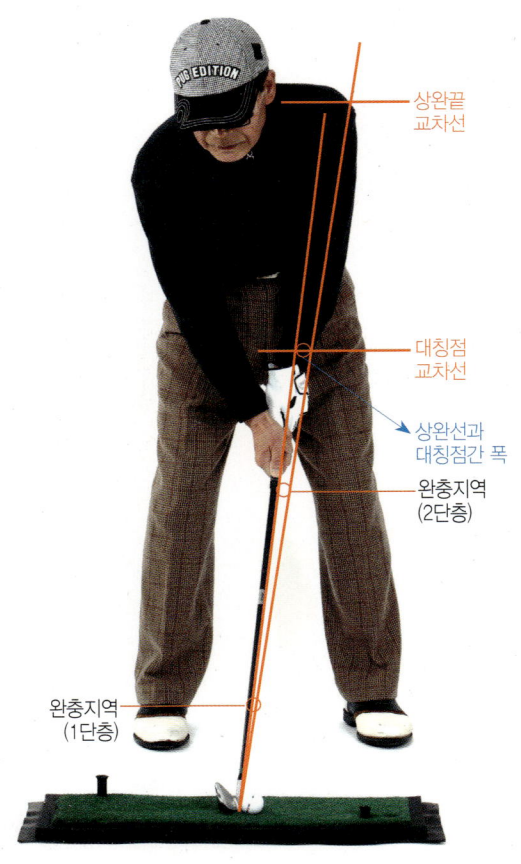

◖ 탑

몸 중심점 기준 좌우값이 같고, 등중력면을 이루고 있다.

◖ 측면

앞뒤 균형을 이루고 있다.

플로우스루

몸 중심점 기준 좌우값이 같으며 균형을 이루고 있다.

드라이브

클로즈드 스탠스로 볼은 오른쪽에 둔다.

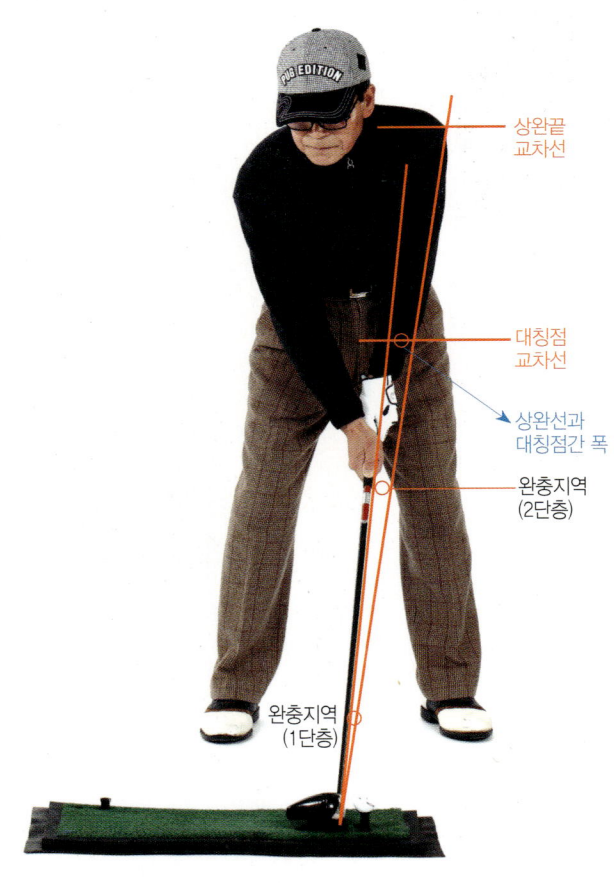

탑

몸 중심점 기준 좌우값이 같고 등중력면을 이루고 있다.

◀ 측면

몸 중심점 기준 앞, 뒤값이 같으며 균형을 이루고 있다.

제7장 스윙 모습

◖ 측면

몸 중심점 기준 등중력면을 이루어 팔이 치켜들려지지 않는다.

다운스윙 이해도

백스윙 탑에서 1단층, 2단층 완충지역이 형성되어야 원활한 다운스윙을 할 수 있다.

◀ 뒷면

몸 중심점 기준 좌우값이 같으며 등중력면을 이루고 있다.

다운스윙 이해도

백스윙 탑에서 1단층, 2단층 완충지역이 형성되어야 원활한 다운스윙을 할 수 있다.

플로우스루

몸 중심점 기준 좌우값이 같다.

◀ 피니쉬

헤드가 몸속에 있고 몸 중심점 기준 앞, 뒤값이 같으며 균형을 이루고 있다.

다수 골퍼들의 백스윙(피니쉬)을 보면 헤드가 몸 밖에 있음을 볼 수 있다.

헤드가 몸 밖에 있다 함은 밖으로 나간 만큼 몸이 비틀리거나 근육 등으로 지탱하고 있다는 증거다. 주말골퍼로선 균형 잡기가 매우 힘든 일이며 엘리트 골퍼 역시 몸 밖 헤드스윙으로 트라블샷 광경을 가끔 볼 수 있다. 나란한 스윙이기에 가능한 백스윙(피니쉬)이다.

◀ 피니쉬(뒷면)

몸 중심점 기준 앞, 뒤 값이 같으며 균형을 이루고 있다.
완충지역이 소멸되었다 다시 형성된 백스윙이 되어야 한다.
그래야 균형잡힌 백스윙 자세가 된다.

다운스윙 이해도

완충지역이 소멸되었다.
1단층, 2단층 완충지역이
형성되었다.

벙커벽이 높은 오르막 샷(샌드웨지)

오픈스탠스로 오른쪽에 볼을 둔다.

오른쪽 발을 각을 세움으로써 균형잡힌 안정된 자세로 높은 벽의 벙커를 탈출할 수 있다.

오른발 삼각축 각도조정으로 벙커샷을 자신 있게 할 수 있다.

경사 정도에 따라 몸중심점이 더 내려와야 된다.

경사가 심한 내리막 샷(샌드웨지)

클로즈드 스탠스로 오른쪽에 볼을 둔다.

왼발을 각을 세움으로써 균형잡힌 안정된 자세로 좋은 샷을 구사 할 수 있다. 왼발 삼각축 각도 조정으로 위기를 극복할 수 있다.

페이스 각 등으로 대처하는 것은 매우 위험하다고 본다.

오르막, 내리막 두 자세를 비교해보면 오르막 몸 중심점은 내려와 있고 내리막 몸 중심점은 기준보다 올라가 있음을 볼 수 있다(같은 샌드웨지).

경사 정도에 따라 몸 중심점이 더 올라가야 된다.

골프 근 현대사가 200년이라고들 하는데도 골프 스윙의 정립된 이론과 지침서가 보기 힘들다고 한다. 이는 몸을 직접 사용한 데만 초점을 맞춘게 아닌가 싶다.

골프 스윙 이론을 연구하는 과정에서 인체 메커니즘이 우리 몸에 미치는 영향이 실로 놀랍고 크다는 것을 절실히 느꼈으며 그 예로 유사한 단어를 사용하면 전혀 우리 몸이 말을 들어주지 않는 다는 사실이다. 골프 스윙 전에 단순한 멘탈로서 해결될 문제가 아니라고 생각한다. 과학적이며 체계적인 인체 메커니즘에 대한 전문가의 연구가 필요하다고 본다.

골프 스윙과 유사한 운동 종목에서도 나란한 골프 스윙 이론을 접목 시도해보면 좋은 결과가 있을 것으로 본다.

※ 원리를 알며 골프가 쉽다

제 1 장
골프를 시작하기 전에 꼭 알아야 할 것은?

골프란 무엇인가?

골프게임이란 정지해 있는 볼을 클럽을 사용해 쳐 가다가 목표로 하는 작은 구멍에 넣는 경기로, 거기에 필요한 타수로 승패를 가르는 지극히 단순한 게임이다. 골프의 발상은 14세기 후반, 네덜란드의 목동이 끝이 굽은 막대로 돌맹이를 치며 놀던 것이 시초였다는 설이 있으며, 그 후 15세기에 접어들어 스코틀랜드로 전해지고 마침내 오늘날과 같은 경기로 발전했다고 한다. 어쨌든 규정이 명문화 되고 경기로서의 형태가 확립된 나라는 영국으로, 16세기 세계에서 가장 오래된 골프코스인 센트 앤드류스(St.Andrews)가 탄생했다. 이처럼 신사의 나라 영국에서 발단된 골프게임에는 기술의 우열보다 에티켓과 매너가 최우선시 되고 있다. 이것은 단순히 "그 나라의 특색"이라는 이유만이 아니라 골프는 페어플레이 정신이 없으면 성립하지 않는 경기이기도 하기 때문이다.

골프는 다른 스포츠와 같이 시종일관 지켜보는 심판관이 없다. 코스는 넓고 언제 무슨 일이 일어날지 예측할 수 없는 것이 골프다. 자신의 플레이는 자기 자신이 판단하고 그 결과를 솔직하게 신고한다. 이것이 골프의 기본정신이다. 이제부터 골프를 시작하려는 사람은 기술을 익히기 이전에 우선 이 정신을 염두에 두는 것이 중요하다.

골프의 매너를 알아보자

- 예약시간 30분 전에는 골프장에 도착할 것
- 산뜻하고 청결한 복장을 착용할 것
- 골프 용구는 지나치게 고가가 아닌 자기 분수에 맞는 것을 사용할 것
- 항상 동반 플레이어에게 최선을 다하는 태도로 라운드 할 것
- 경기 규칙을 철저히 준수하되 상대방에게는 관대한 태도로 취할 것
- 스코어에 집착하지 말고 좋은 폼과 정확한 템포로 과감하게 스윙할 것
- 항상 안전에 신경을 쓰며 플레이할 것
- 자기 생각을 상대방에게 분명하고 확실하게 전달할 것
- 대화의 내용은 심각하거나 목적적인 내용이 아닌 가볍게 웃어 넘길 수 있는 유머러스한 내용을 할 것
- 냉정하고 침착하게 플레이할 것
- 너무 승부에 집착하지 말 것
- 항상 상대방을 칭찬할 것
- 코스를 아끼고 그린 공자국과 벙커를 철저하게 보수하고 정리할 것
- 스코어를 절대 속이지 말 것
- 항상 자기 스코어를 정확하게 알고 플레이할 것

- 목적이 있어 골프를 할 때는 너무 빨리 단도직입적으로 비즈니스 얘기를 하지 말고 먼저 말할 때까지 참고 기다린다.

골프의 기초지식을 알아보자.

기원

골프의 기원

골프는 다른 운동과 달리 그 창시자나 기원에 대한 정확한 기록이 없다. 현재 일반적으로 널리 알려진 골프 기원설은 크게 네 가지 정도로 정리할 수 있다.

첫째로 로마시대 시이저(BC.100~44) 때 파카니카(Pila Paganica) 스코틀랜드 성을 정복한 병사들이 야영지에서 쉬던 중 한쪽 끝이 구부러진 막대기로 새털로 된 공을 치며 즐겼던 놀이가 오늘날 스코틀랜드에 남아 골프가 됐다는 설이다.

둘째로 기원전 네덜란드 지방의 어린아이들이 실내에서 즐겨하던 코르프(kolf)라는 경기에서 비롯됐다는 설이다. 13세기 무렵, 네덜란드에서 즐기고 있던 코르(chole)라는 빙상경기가 당시 양모를 중심으로 교역이 활발했던 스코틀랜드에 건너가서 그것이 골프로 발전됐다는 설이다. 바

로 이러한 사실은 골프가 발전한 지역을 역추적해 보면 명확히 알 수 있다. 당시 네덜란드는 스코틀랜드 동해안의 남쪽에서부터 북쪽에 걸친 광범위한 지역과 빈번한 교역이 이뤄졌다. 그 대표적인 항구로는 던바, 노스베리크, 매셀버러, 리스, 세인트 앤드류스, 도너크, 에든버러, 무어필드 등을 들 수 있다. 그리고 이 해당 도시들에는 공통적으로 전통 깊은 골프장이나 컨트리 클럽이 있다.

셋째로 스코틀랜드의 양치기 소년들이 양 떼를 돌보면서 스틱으로 돌을 쳐서 들토끼의 구멍에 넣으며 즐기던 것이 골프의 시초가 됐다는 설이다. 이를 뒷받침하는 여러 가지 사실로 다음과 같은 것들을 든다. 하지만 이 스코틀랜드 양치기 소년들의 골프 설도 그 정확한 근거를 찾아보기 힘들다. 그러므로 현재로썬 유럽대륙에 있던 골프와 유사한 놀이가 스코틀랜드에서 독자적으로 육성되었다는 견해가 가장 유력하다. 여하튼 골프의 기원은 확실히 어느 나라인지 모르지만 한 가지 분명한 사실은 골프가 스코틀랜드 지방에서 꾸준히 발전돼 왔다는 것이다.

넷째로 골프 기원설에는 중국 설이 있다. 본래 중국에서는 골프를 '츠이완'이라 불렀는데, 이미 943년에 간행된 남당(南唐)의 사서(史書)에 이 사실이 쓰여 있다는 주장이다. 환경(丸經)에 기록된 바에 따르면 골프 경기자들은 서로 예의를 존중하고 상대방의 입장에서 플레이를 생각할 정도로 예전부터 신사의 경기였다고 한다. 게다가 지난 1991년 중국 감숙

성(甘肅省)의 한 사범대학 체육학부 교수인 링홍링은 호주의 한 학회지에 "골프의 원조는 중국"이라는 글을 발표해 관심을 끌기도 했다. 그가 이러한 주장을 편 근거로는 지금까지 공인된 골프에 관한 가장 오래된 기록은 1457년에 스코틀랜드의 왕이었던 제임스 2세가 국민들이 골프에 너무 몰두해 영국과의 전쟁에서 국가 방위에 필요한 무예 연습과 신앙생활을 게을리했기 때문에 "12세 이상 50세까지의 모든 국민들에게 골프를 금지한다."는 국회 기록인 데 비해 현재 중국에 남아 있는 골프에 대한 기록은 이보다 무려 514년이나 앞선다는 사실이다. 한편 원(元)나라 때 그려진 '추환도벽화(推丸圖壁畵)'에도 오늘날 골프 형태의 경기를 하는 모습이 나타나 있다. 들판에 그다지 높지 않은 작은 언덕이 있고, 그 사이로 해저드에 해당하는 냇물이 흐르는 가운데 네 명의 사나이가 경기를 펼치고 있는 장면의 그림이라고 한다.

♣ 룰의 기원

골프의 룰이 생긴 것은 1744년의 일이다. 실은 그 최초의 룰을 만든 것은 앤드류스가 아니라 에든버러 골프 협회였다. 지금은 세인트 앤드류스에서 자동차로 1시간쯤 거리밖에 안 되는 스코틀랜드의 수도 에든버러 골프협회는 에든버러 베제스 골프소사이어티와 함께 가장 오래된 골프의 소사이어티중의 하나였다. 에든버러 골프협회도 당시는 아직 단순

한 골프애호가의 소사이어티에 지나지 않았고 그 중 명예신사들이라고 불리는 일부의 귀족과 상인이 있어 그들은 에든버러의 지사나 시의회에 대하여 매년 한 차례 주된 경기인 실버클럽을 개최함으로써 그 명예신사로서의 목적을 달성하고 있었다. 실물 크기의 은으로 만든 골프채 쟁탈전을 벌였을 때 공식경기를 위한 공평한 규약이 필요함에 따라 1744년 에든버러 골프협회라고 일컬어지는 소사이어티의 명예신사들이 중심이 돼 최초로 규칙을 제정했다.

에든버러 골프협회가 정한 규제는 총 13개 조항으로 이루어져 있다. 이 에든버러 골프협회(현재의 뮤어필드 G.C)는 클럽적 성격을 지닌 소사이어티로서 오랫동안 골퍼의 경의를 받고 있었지만 1843년 무렵, 서서히 정력을 잃고 말았다. 그 에든버러 협회 대신해서 차차 골프의 주류가 세인트앤드류스에 옮겨가서 실버클럽의 멤버들의 경기가 번창해졌다. 1744년에 제정된 에든버러 골프협회에 의한 룰을 지키고 있던 스코틀랜드의 골프 소사이어티는 실은 23개나 되었지만 그 후 룰을 지키고 키워 나간 곳이 세인트앤드류스였던 것이다.

▼ 클럽의 기원

클럽(club)은 곤봉, 골프채, 구락부 등 3가지 뜻을 지닌다. 클럽은 '분담하기 위하여 결합한다.'는 뜻의 '클레오판(Cleofan)'이라는 고어에 유래

됐는데 보통 '경비를 분담한다.'는 뜻으로 구락부, 즉 클럽으로 해석되기도 한다. 사회적 동물인 인간은 원래 공통의 목적을 위해 결집했을 것인즉, 그것이 바로 클럽의 시초라는 것이다.

그중 골프를 공통 목적으로 한 골프클럽 및 컨트리 클럽이 생겨났다. 명칭은 클럽만이 아니고 어소시에이션, 소사이어티, 리그, 보드, 유니언, 파운데이션, 딘디케이트 등 여러 가지가 있다.

골프를 목적으로 한 골프의 세계 최초의 클럽조직은 1744년에 되었다, 스코틀랜드의 동해안에 있는 도시 리스에서 골퍼들이 클럽을 조직, 전국 규모의 실버배 경기를 개최하면서 사상 최초의 골프규칙 13개 조항도 만들어냈다.

클럽은 회원으로 조직되므로 회원이 있는 자격, 입회 조건 및 제명 등은 클럽에 의해 자율적으로 규제되었다. 입회 조건 중 흥미 있는 것은 영국의 클럽 역사에서 변호사, 의사 등이 일류 클럽을 입회하는데 갖가지 어려움을 겪었다는 사실이다. 그들은 다른 회원의 사적 상황을 알고 싶어 하는 버릇 때문에 옛 회원들과 흉금을 터놓고 술을 마시며 담소하기에 적합하지 않은 직종으로 지목돼 기피되었던 것이다. 당시 클럽은 남성만을 입회시켰고 여성의 입회를 인정치 않았다. 흑인의 입회를 인정하지 않아도 위법이 아니었다.

골프 경기를 갖고 그 경기에 참가한 사람들만이 대개 클럽을 결성한

관계상 클럽은 배타적이고 폐쇄성이 강했다.

▼ 대회의 기원

세계에서 가장 오래된 골프 토너먼트인 전영오픈이다. 제1회 대회가 개최된 것은 1860년, 우리나라의 연호로 말하자면 조선시대의 철종(哲宗) 11년이다. 바로 이 전영오픈도 이들이 주동이 되어 시작했다. 1860년 전영오픈의 제1회 대회가 스코틀랜드 남부도시 그라스코의 남쪽 해변가 프레스트위크G.C에서 개최되었다.

이 코스에서 프로의 원조이자 골프볼 제조의 명인 알란 로버트슨이 있었다. 그는 아마추어와 겨룰 때 상대의 요구대로 자기의 클럽수를 줄인 채 플레이했다. 1개의 클럽만 갖고 플레이해도 그는 10여개의 클럽을 쓰는 아마추어에게 지는 일이 없는 명수였다. 이 로버트슨이 44세의 나이로 59년에 죽으면서 전영오픈은 발단된다. 프레이스트위크G.C는 로버트슨의 뒤를 이을 프로가 필요했다. 플레이 기술은 물론 용구의 제작 및 수리 그리고 코스관리 등에 비범한 솜씨의 프로를 경기를 통해 채용키로 한 것이다.

1860년 챔피언벨트 경기를 창설, 각지의 프로들에게 참가를 권유해 대회를 개최했다. 그 경기가 바로 오늘의 전영오픈인 것이다. 당시 프레스트위크G.C의 수는 12개 홀이었고 경기는 3라운드 36홀로 치러졌다. 상금 5파운드를 걸고 8명의 영국 프로선수가 출전해 열전을 벌인 가운데 경기 결과 예상을 뒤엎고 세인트앤드류스 지방의 유망주인 톰모리스를 머셀버그 지방에서 온 윌리버크가 36홀에서 1백 74타의 스코어로 물리쳐 5파운드의 상금과 은제 챔피언 벨트를 차지했다.

챔피언쉽 벨트를 겨루는 대회인데 프로만 참가하고 보니 싱거웠다. 아마추어에게도 참가자격을 주도록 하자는 강한 요구가 대두되었다. 이미 프레스트위크G.C는 19개의 클럽이 참가하는 클럽대항 아마 경기를 이미 개최해 오던 터라 전영오픈은 제3회 대회부터 아마추어의 출전을 인정했다. 그때 발표한 대회를 모든 세계에 개방한다(Open to the world)라는 문구에서 '오픈'이라는 말이 자리를 잡게 된다. 이것이 참가자격을 프로, 아마 가리지않는 대회를 '오픈'이라고 부르게 된 것이 시초이다.

매년 7월이면 세계 4대 메이저대회로는 세 번째로 전영오픈이 개최된다. 한 골프클럽이 프로를 뽑기 위해 시작된 전영오픈이 이제는 '오픈(The open)'으로 불려 1백 20여 년의 역사와 전통을 지닌 세계적인 골프대회로 자리 잡았다.

전영 오픈의 초기엔 프로나 아마의 구별이 없었다. 골프채와 볼 제작자들이 직접 선수가 돼 골프채와 공의 기능에 따라 경기력의 우열이 가려졌다고 한다. 세인트앤드류스, 플스트웍, 머세버그, 노스버웍과 같은 골프클럽들이 클럽선수권 대회를 개최했는데 세인트앤드류스 출신의 앨

런 로버트슨이 1859년에 사망하기까지 가장 훌륭한 선수였으며 최초의 프로골퍼였다고 한다. 그 후 톰모리스 부자가 세인트앤드류스 코스에서 18홀 79타라는 경이적인 대기록을 수립했다. 그 후 골프는 19세기 후반에 영국 본토에서 미국으로 건너갔다.

　미국에서 골프장이 탄생한 것은 1888년이다. 1894년 미국 골프협회가 창립됐고, 1895년에는 제1회 아마추어 선수권대회가 개최됐으며 같은 해에 전미 오픈선수권 대회도 시작됐다.

　프랑스는 1876년에 파(qau)라고 하는 클럽이 최초로 설립됐고, 호주는 1871년에 아데라이드(adelaide)라는 클럽이 설립됐다. 스코틀랜드의 무역선원들에 의해 골프가 알려져 캐나다에는 1873년에 몬트리올클럽이, 남아공화국에는 케이프 클럽이 설립됐다. 아시아 지역에는 1899년 홍콩에 처음으로 소개된 후 대만과 일본에도 소개됐다.

제 2 장
골프의 기본자세를 알아보자

그립은 어떻게

◀ 그립의 기본 그림

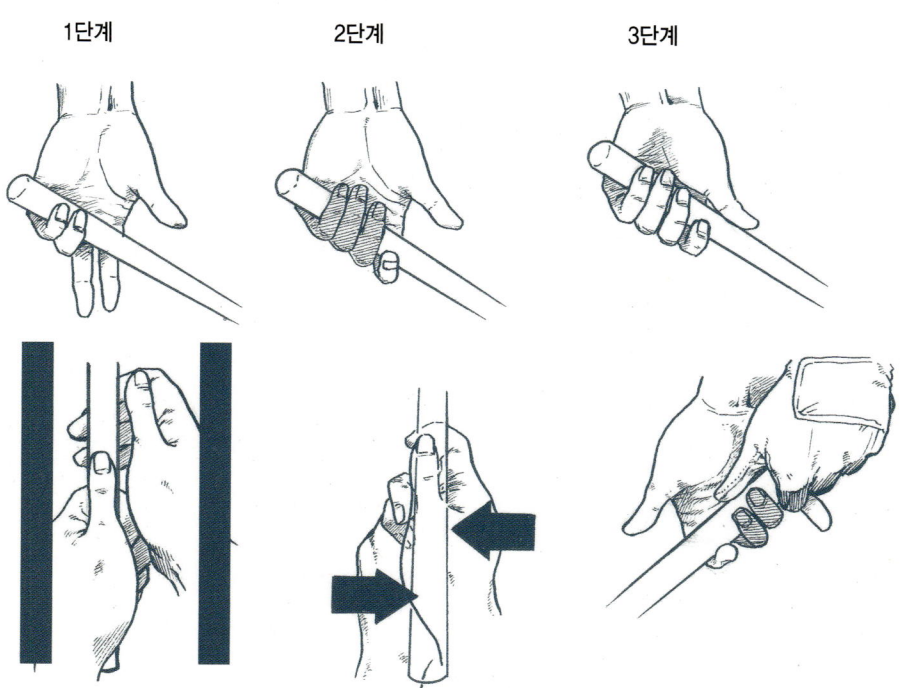

1단계   2단계   3단계

왼손으로 잡는 형태에 따라서

- 팜 그립(palm) : 손바닥으로 그립을 잡는 방법으로 왼손 엄지손가락의 길이가 롱섬(long thumb)이 된다.
- 핑거 그립(finger) : 손가락으로 그립을 잡는 방법으로 왼손 엄지손가락의 길이가 숏트섬(shot thumb)이 된다.

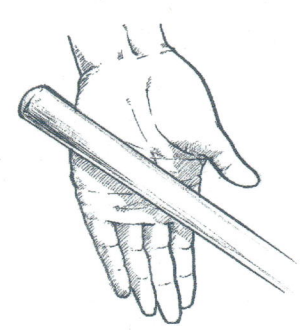 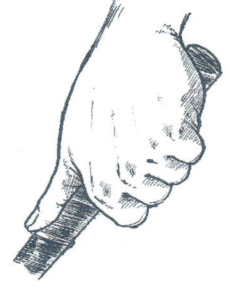

팜 그립

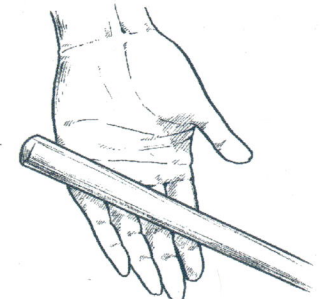 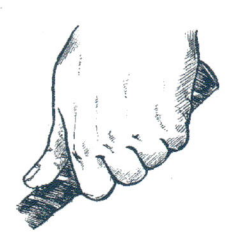

핑거 그립

◀ 샤프트의 센트라인에 왼손 엄지 손가락의 각도에 따라 잡는 방법

- 스퀘어 그립 : 센터라인 위에 왼손 엄지손가락을 올려 두는 법(기본)
- 위크 그립 : 왼손 엄지손가락을 그립의 센터라인보다 좌측으로 두는 법
- 스트롱 그립 : 왼손 엄지손가락을 그립의 센터라인보다 오른쪽으로 두는 법

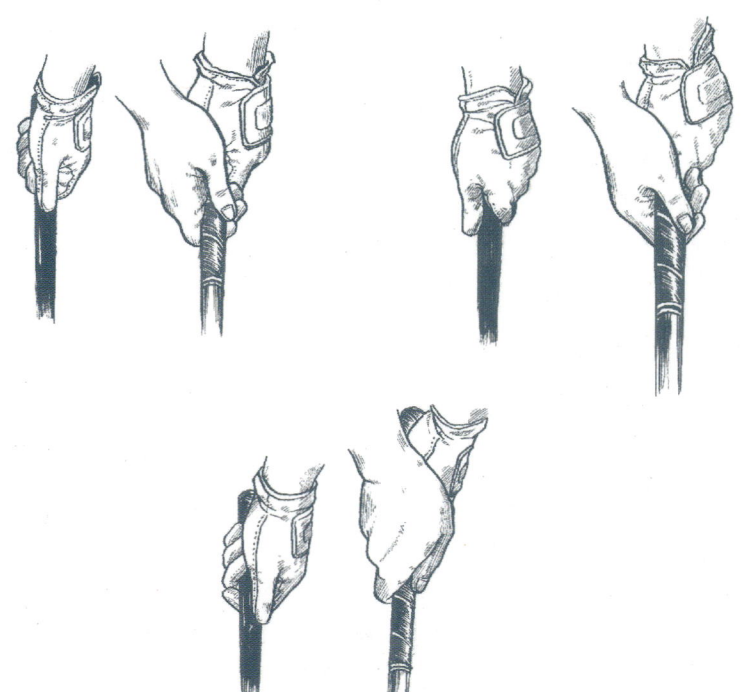

양손으로 그립을 잡는 방법에 따라서

- 베이스볼 : 양손으로 그립을 잡는 방법으로 힘이 약한 사람에게 적합하다.
- 오버래핑 : 오른쪽의 새끼손가락을 왼손의 집게손가락 위에 혹은 집게손가락과 가운데 손가락과의 사이에 포개는 방법으로 가장 일반적인 그립이지만, 오른손이 강한 사람에게 적합하다.
- 인터로킹 : 오른손의 새끼손가락과 왼손의 집게손가락이 얽혀 잡는 방법으로 손가락이 짧거나 힘이 약한 사람에게 적합하다.

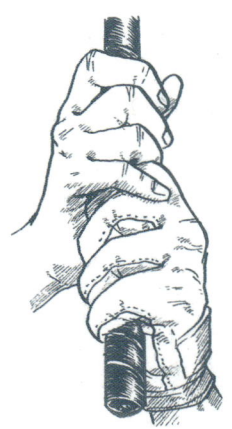
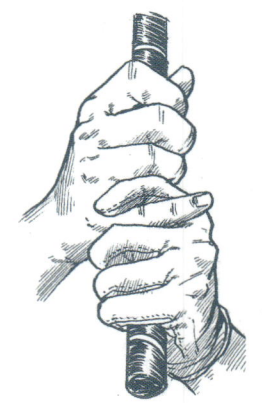

◀ 공통적인 그립 잡는 요령

- 양손에 힘을 많이 주지 말고 손가락을 벌려 가능한 골프채를 살며시 쥐고 있다는 기분으로 잡아야 한다.
- 두 손이 일체감을 느낄 수 있도록 잡아야 한다.
- 어색하다고 느껴져도 원칙대로 잡아야 한다.
- 골프클럽이 자기 손과 연결된 신체의 일부분이라는 느낌이 들 정도로 한다.

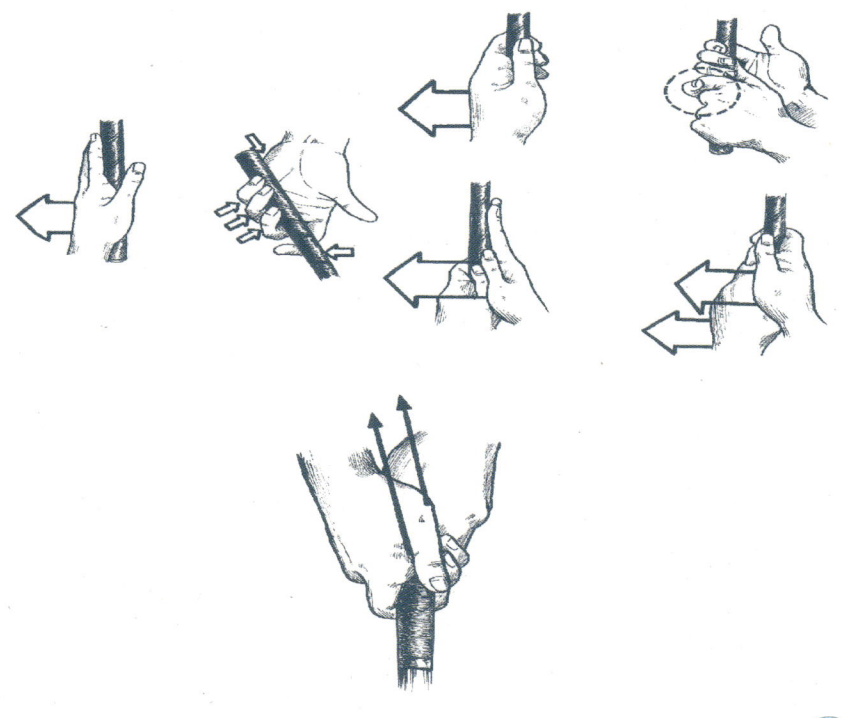

스탠스는 어떻게

- 양발의 너비는 어깨너비 정도로 한다.
- 발뒤꿈치는 동일 선상에 양발이 놓이도록 한다.
- 발의 각도는 왼발이 약 15~20도 정도 왼쪽으로 벌리고, 오른쪽 발은 정면과 직각이 되게하며 클럽에 따라 발의 너비도 변한다.

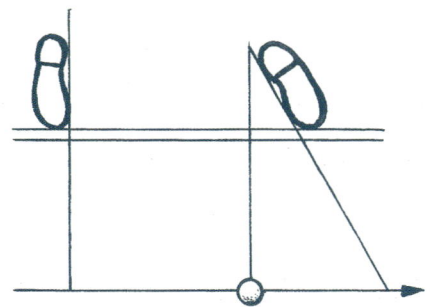

◀ 스탠스의 종류와 특징

▼ 스퀘어 스탠스(Square Stance)

두 발끝을 잇는 선이 목표선(공과 목표를 잇는 선)과 평행을 이루는 방식을 말한다. 이 방식은 가장 일반적인 기본스탠스로 이때의 스윙궤도는 인사이드인(Inside In)이 된다. 또 이때의 타구는 스트레이트 볼이 나

오는 경향이 많다.

▼ 오픈 스탠스(Open Stance)

두 발끝을 연결한 선이 목표선에 대해 왼쪽으로 열려진 형태의 스탠스 방식. 이때의 스윙궤도는 아웃사이드 인(Out-side In)이 되고, 타구는 슬라이스 볼이 나오기 쉽다. 이 방식으로 서면 자연 몸은 공이 날아갈 방향을 향해 서게 되므로 방향을 중시해야 하는 어프로치샷에서 많이 활용된다.

▼ 클로스드 스탠스(Closed Stance)

오픈 스탠스와는 정반대의 개념으로 양발 끝을 잇는 선이 목표선에 대해 닫힌 형태의 스탠스형을 말한다. 이는 다시 말해서 목표선에 대해 왼발보다 오른발이 더 아래로 빠진 모양의 스탠스를 말한다. 이때의 스윙궤도는 인사이드 아웃(Inside Out)이 되고, 타구는 훅 볼이 나오기 쉽다. 이런 스탠스로 서면 몸이 회전하기 쉽기 때문에 나이 먹은 사람이나 백스윙에 곤란을 겪는 사람들에겐 퍽 효과적이다.

발끝모양과 공의 위치

같은 스탠스를 취하더라도 발끝 모양이 어느쪽으로 향하느냐에 따라 다음과 같이 3종류로 나눠질 수 있다.

1. 왼발을 목표 쪽으로 30도 정도 벌리고 오른발은 목표선에 대해 직각으로 놓는 방법

   이 방법은 가장 기본적인 방법으로 백스윙 때 몸의 중심이 오른쪽으로 빠져나가는 것을 방지해주고 다운스윙 때 체중을 왼쪽으로 쉽게 이동시켜 줌으로써 강력한 파워를 내도록 해준다.

2. 왼발을 직각으로 놓고 대신 오른발을 30도 정도 벌리고 서는 방법

   이 방식은 몸이 딱딱해서 백스윙에 어려움을 겪는 사람들에게 적합한 방식이다.

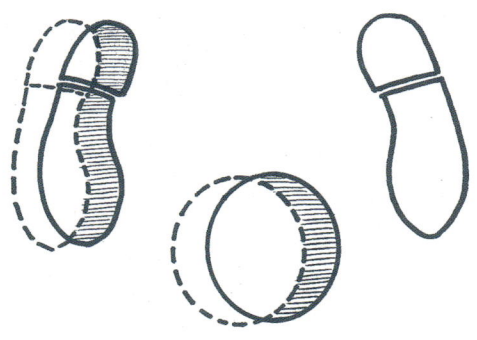

3. 양발 끝을 다 옆으로 벌리고 서는 방법

흔히 11시 5분 방식이라 불리기도 하는 이 방법은 좌우 어느 쪽으로도 회전이 쉬워 중년층 이상의 주말골퍼들이 애용하는 한 방법이다.

공의 위치와 스탠스

공은 특별한 경우를 제외하고는 왼발 뒤꿈치 안쪽 연장선상에 놓는 것이 기본이다. 클럽이 짧아지면 몸은 공쪽으로 가까이 접근하게 된다. 공을 놓는 위치와 스탠스를 잡는 방법은 크게 두 가지로 나뉜다.

1. 공과 왼발은 그냥 두고 오른발을 움직이는 방법

이 방법은 공을 항상 왼발 뒤꿈치 연장선상에 놓고 클럽 길이에 따라 오른발을 움직이면서 스탠스를 잡는 방식. 드라이브때는 오른발이 클로스 형태로 됐다가 9번 아이언 정도가 되면 오픈 형태로 바뀐다.

2. 클럽 길이에 따라 공을 몸 안쪽으로 움직이는 방법

드라이버 때는 공을 왼발 뒤꿈치 안쪽 연장선상에 놓고 치지만 클럽 길이가 짧아질수록 공을 오른발 쪽으로 옮겨 놓고 치는 방식이다. 이때도 왼발은 고정해두고 클럽 길이가 짧아질수록 오른발을 왼발 쪽으로 그리고 앞쪽으로 조금씩 나아가도록 스탠스를 잡아준다.

1의 방법은 항상 공의 위치가 같기 때문에 그만큼 쉽고 간편하지만 아무래도 자신은 허리가 잘 돌지 않는다든가 뒤땅을 치는 버릇 때문에 어렵다고 생각되는 사람은 2의 방법이 더 좋을 수도 있으므로 어디까지나 본인이 알아서 정할 문제다.

볼의 위치는

◀ 볼의 위치에 대한 두가지 생각

볼의 위치에 대해서는 프로들 사이에서도 두 가지의 다른 견해가 있다.

1. 볼의 위치는 항상 일정해야 한다.
2. 볼을 티업해서 치는 경우와 그렇지 않는 경우에 따라 위치는 바뀐다. 볼의 위치는 일정해야 한다는 견해는 구미권의 프로들에게서 많이 볼 수 있다. 골프클럽의 길이가 바뀌고 몸과 볼 사이의 간격이 달라진다 해도 스윙은 마찬가지라는 것으로 왼팔은 어깨에서 뻗어 나와 있고 몸을 회전시켜서 볼을 치는 이상, 볼의 위치는 마찬가지라는 뜻이다.

그러니까 바뀌는 것은 클럽의 로프트와 클럽 페이스의 방향이라는 이론이다.

이것에 대해 볼을 티업한 경우와 그렇지 않은 경우, 즉 드라이버 샷과 아이언 샷에서 볼의 위치는 바뀐다는 견해는 동양권의 선수들에게서 많이 볼 수 있다.

이 견해의 근거로서는 스윙 아크의 최하점이 다르다는 것을 들 수가 있다. 볼을 티업해 놓은 상태에서 치는 드라이버 샷은 볼의 뒤쪽이 스윙의 최하점이 되고, 아이언 샷에서는 볼의 앞쪽이 최하점이 되어 잔디를 파헤친다. 그러니까 볼의 위치가 일정해서는 이런 현상이 일어날 수 없다는 견해다.

양쪽 모두 설득력이 있다. 볼의 위치가 바뀐다, 바뀌지 않는다, 라는 식으로 표현하니까 마치 정 반대의 견해처럼 들리지만 실제로는 볼 1, 2개 정도의 차이다. 이것을 큰 문제로 생각하든, 아니면 푸트웍을 이용해서 얼마든지 소화할 수 있는 사소한 문제로 생각하든, 그건 경기자 자신이 결정할 수밖에 없다.

◀ 볼의 위치와 스탠스

볼의 위치는 스탠스의 넓이와도 관계가 있다. 일반적으로 드라이버 샷에서의 볼의 위치는 왼쪽 발뒤꿈치의 안쪽 선에 와야 한다고 알려져 있다. 그러나 스탠스가 지나치게 넓으면 왼발의 안쪽 뒤꿈치가 왼팔의 뿌리 부분(어깨)보다 바깥쪽(왼쪽)으로 오게 된다. 이런 경우 클럽 헤드가 볼에 맞지 않게 된다.

 거꾸로 스탠스가 지나치게 좁으면 왼발의 안쪽 뒤꿈치는 왼팔의 뿌리 부분보다 안쪽(오른쪽)으로 오게 된다. 이런 경우, 클럽헤드가 스윙아크의 최하점에 오기 전에 볼에 맞기 때문에 볼은 오른쪽 방향으로 날아가든가 볼 밑을 지나가는(템플러라고 함) 미스 샷이 발생하기 쉽다. 일반적으로 드라이버 샷에서의 볼의 위치가 왼쪽 발뒤꿈치의 안쪽 선에 와야 한다는 것은 적절한 스탠스를 잡았을 경우의 이야기다. 왼쪽 발 뒤꿈치의 안쪽과 왼팔의 뿌리 부분이 지면과 수직을 이루는 일직선상에 오면 정확한 스탠스가 되는 것이다. 볼의 위치를 생각하는 경우에는 스윙아크의 지탱점이 되는 왼팔 뿌리 부분의 포지션이 포인트가 된다.

어드레스와 셋업의 절차는

◀ 어드레스의 체크요령

▼ 올바른 어드레스 체크요령

올바른 자세는 올바른 샷을 위한 대전제다. 자세가 잘못되면 좋은 샷은 기대할 수 없다. 그래서 스윙 동작이나 이에 대한 기술을 연마하기 전에 먼저 자세를 바르게 익히는 문제가 더 시급한 과제로 인식 되고 있다.

- 그립을 완성했을 때 왼손의 엄지와 인지가 만드는 역 V자 끝이 자신의 정면에서 바라봤을 때 오른쪽 귀를 향하고 있는가.
  또 오른손의 엄지와 인지가 만드는 역 V자 끝도 이와 평행으로 오른쪽 귀 옆을 향하고 있는가를 체크해보고 잘못됐으면 고칠일이다.
- 스탠스의 체중 안배는 좌우 각각 50%씩 되도록 균등히 놓았는가.
- 스탠스 폭은 드라이버의 경우 양발 안쪽의 폭이 자신의 어깨넓이 정도가 되어 있는가.
- 공의 위치는 클럽의 길이가 짧아짐에 따라 오른쪽으로 옮겨놓고 치기보다는 가급적 왼발 뒤꿈치 안쪽 연장선상에 놓고 치는 것이 더욱 안정성이 있는 것으로 알려지고 있는데 자신의 경우는 어떤가.
- 몸의 정면에서 바라봤을 때 머리는 공 뒤에 있는가.

- 왼발은 약간 오픈되어 10~15°를 유지하고 있는가.
- 오른쪽 어깨와 무릎을 연결한 라인이 목표선 뒤에서 바라봤을 때 오른 발가락 뿌리 부분과 일직선을 이루고 있는가.
- 무릎은 탄력성 있게 잘 굽혀져 있는가.
- 양팔은 편안하게 아래로 거의 수직으로 늘어트려져 있고, 클럽을 잡는 양손 끝이 양발 끝을 연결한 선상에 있는가.
- 체중이 양발 엄지발가락 뿌리 부분을 중심으로 확실히 실려있는가.
- 클럽 페이스가 목표에 대해 직각을 이루고 있는가.
- 양무릎과 허리는 목표선과 평행을 이루고, 양어깨라인은 약간 오픈되어 있는가, 이상 말한 12가지가 잘못되어 있으면 이를 하루 빨리 고치는 것이 좋다.

▼ 셋업의 절차

- 주시(오른쪽 눈)를 이용하여 오른손으로 클럽을 들고 목표지점과 중간지점의 목표와 방향을 잡는다.
- 목표선과 공에 대하여 클럽면을 스퀘어하게 하고 오른쪽 어깨의 위치를 고정 시킨다.
- 왼손도 클럽을 쥐며 두 눈, 어깨, 가슴, 허리, 다리, 무릎 등이 모두 목표선과 평행하도록 한다.

- 왼쪽 발을 적절하게 벌리고 다음에 오른발을 어깨너비만큼 벌려서 허리와 무릎을 굽힌다.
- 공은 왼발 뒤꿈치와 일직선상에 놓이게 한다.
- 목표 지점을 바라보고 난 후 웨글을 두 세 번 한다.
- 클럽 헤드의 소올이 지면에 밀착되도록 한다.

제 3 장
스윙의 기초를 알아보자

스윙의 특징

◀ 골프 스윙의 특성

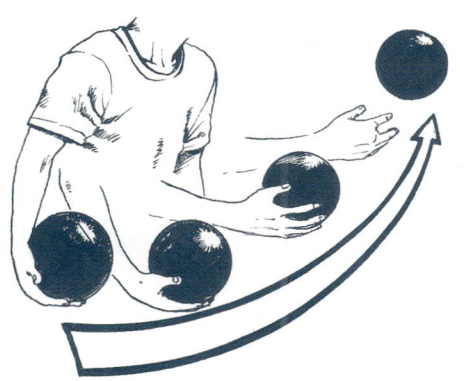

- 스윙모션은 양손을 언더핸드로 옆으로 던지는 동작이다.

- 양발을 땅에 붙이고 하는 야구 스윙과 비슷한 동작이다.

150 제2부 골프 스윙(일반)

- 골프의 스윙은 상하의 움직임이 아니라 전후의 움직임이다.

- 클럽으로 공을 치는 것이 아니라 스윙하는 것이다.

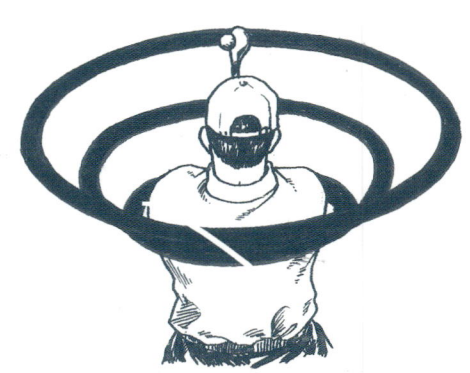

- 측면 자세로 공을 날려 보내는 동작이다.

단계별 스윙은

◀ 스윙의 메카닉

- 양다리를 축으로 해서 몸을 비틀고, 풀어주는 축 운동을 몸에 익히는 것이다.
- 골프의 스윙은 두 개의 축을 갖고 있다.
- 백스윙 때는 오른쪽이, 다운스윙 때는 왼쪽이 축이 된다.

◀ 스윙 타이밍

- 스윙을 할 때 신체의 부분을 어떤 순서로 움직여야 하는 가를 아는 일
- 골프 스윙은 큰 근육으로 작은 근육(손목)을 주도해야 한다.

  예) 백스윙 : 클럽 → 손 → 어깨 → 엉덩이 → 무릎 → 발
  　　다운스윙 : 발 → 무릎 → 엉덩이 → 어깨 → 손 → 클럽

◀ 스윙 요령

- 언제 힘을 주고, 힘을 빼느냐 또는 최대한의 힘을 볼에 가하기 위해 어떻게 해야 하느냐는 것
- 손에 힘을 빼고 그저 클럽을 손으로 잡고 있다는 기분으로
- 양어깨, 팔, 손에 힘을 배분하여 온몸으로 스윙

스윙하는 기술 습득

- 템포 : 어드레스부터 백스윙, 다운스윙, 임팩트, 폴로스루, 피니쉬에 이르기까지에 소요되는 전체 스윙 시간을 말하는 것

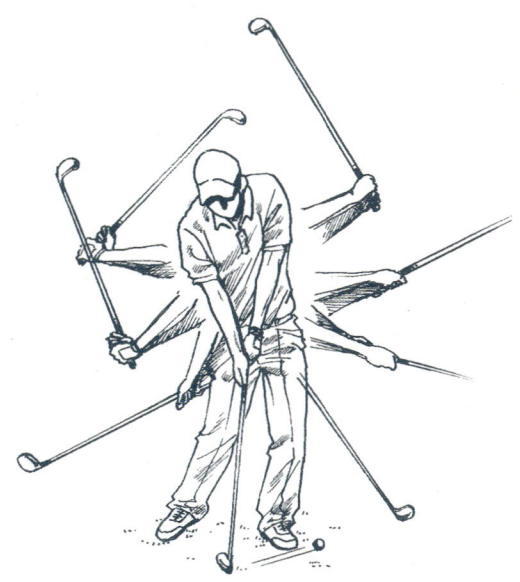

- 올바른 메카닉과 정확한 타이밍, 리듬 모두를 통합하여 항상 일정한 템포로 스윙하는 기술을 습득하는 일
- 스윙 템포는 가능한 천천히 스윙을 하는 것이 효과적이다.

클럽없이 하는 동작

- 양팔을 어깨너비 정도로 벌린다.
- 목표선을 정하여 놓고 양발이 목표선과 평행이 되게 선다.
- 양발, 엉덩이, 어깨를 정면과 직각이 되게 한다.

- 체중은 양발에 똑같이 배분한다.
- 허리를 앞으로 굽혀 선다.
- 잔등은 펴고 양손이 눈 바로 아래에 위치토록 한다.
- 양팔은 단지 어깨에 걸려 있을 정도로 힘을 뺀 채 내려준다.
- 양 손바닥은 서로 마주 보게 한다.
- 중심은 발 앞쪽으로 오게 하는데 양발의 복숭아뼈 근처에 모이도록 한다.

수행단계

백스윙

- 양쪽 어깨, 팔 손이 일체가 되어 동시에 비틀어 준다.
- 체중을 오른발로 옮겨준다.
- 왼발 무릎을 오른발 무릎 쪽으로 틀어준다.
- 양손 엄지를 목표선으로부터 위로 꺾어준다(코킹).
- 오른쪽 엉덩이를 틀어준다.
- 잔등이 목표를 향하게 돌려준다.
- 왼발 뒤꿈치를 약간 들어준다.
- 양손을 오른쪽 어깨보다 높게 올린다.

▼ 다운스윙

- 손목이 엉덩이 높이부터 다시 코킹 된다.
- 체중을 목표 쪽으로 밀어준다.
- 오른쪽 무릎을 왼쪽 무릎 쪽으로 밀어준다.
- 엉덩이가 목표선 쪽으로 향하게 돌려준다.
- 체중을 목표선 쪽으로 밀어준다.
- 왼발 뒤꿈치를 지면에 딛는다.
- 양쪽어깨, 팔, 손이 일체가 되게 하여 동시에 내려준다.
- 엉덩이를 목표선 쪽으로 되돌려 준다.
- 양손 엄지손가락을 목표선 쪽으로 되돌려 준다(코킹을 푼다).
- 스윙의 최저점에서 양팔과 손을 최대한 펴 준다.

스윙의 원리는

◀ 스윙의 궤도

▼ 인 투 인(In to In)의 스윙궤도

- 발은 6시에 오른손을 3시를 가리키고 왼손은 9시를 가리키게 하여 공 앞에 선후에 백스윙은 클럽 헤드를 3시와 4시 사이의 방향으로 올렸다가 임팩트 후에 몸은 8시와 9시 사이의 방향으로 돌려준다.
- 몸통의 턴에 따른 정확한 클럽헤드의 인 투 인 스윙궤도

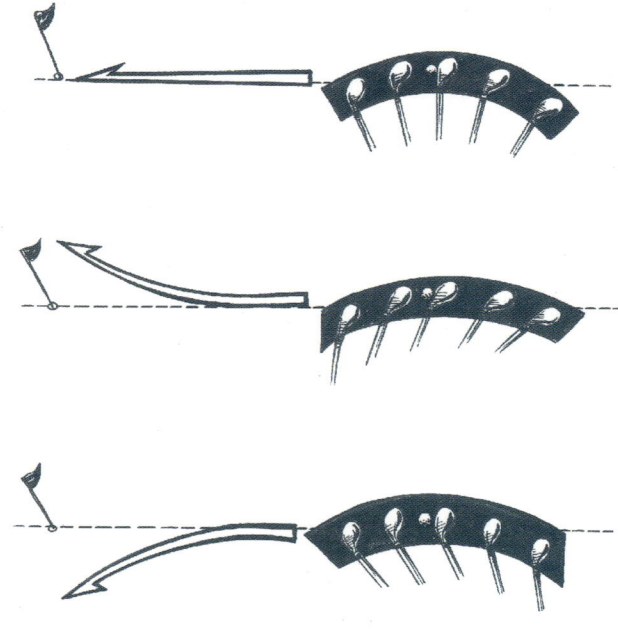

▼ 아웃 투 인(Out to In)의 스윙궤도

- 풀(Pull) : 클럽 페이스가 직각일 때 공은 왼쪽으로 똑바로 날아간다.
- 슬라이스(Slice) : 클럽 페이스가 오픈되면 공은 오른쪽으로 휘어 날아간다.
- 훅(Hook) : 클럽 페이스가 클로즈되면 공은 왼쪽으로 휘어 날아간다.

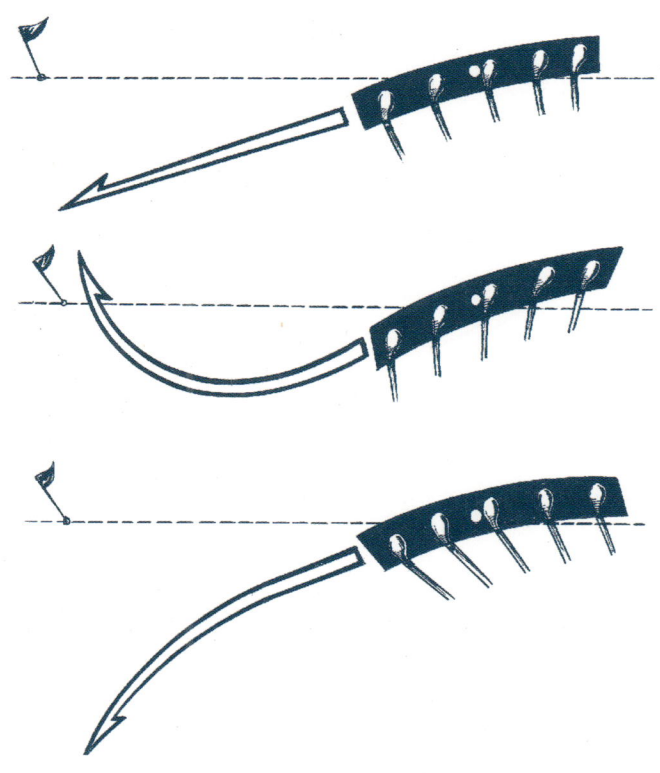

▼ 인 투 아웃(In to Out)의 스윙궤도

- 푸시(Push) : 클럽 페이스가 직각일 때 공은 오른쪽으로 똑바로 날아간다.
- 슬라이스(Slice) : 클럽 페이스가 오픈되면 공은 오른쪽으로 휘어 올라간다.
- 훅(Hook) : 클럽 페이스가 클로즈되면 공은 왼쪽으로 휘어 날아간다.

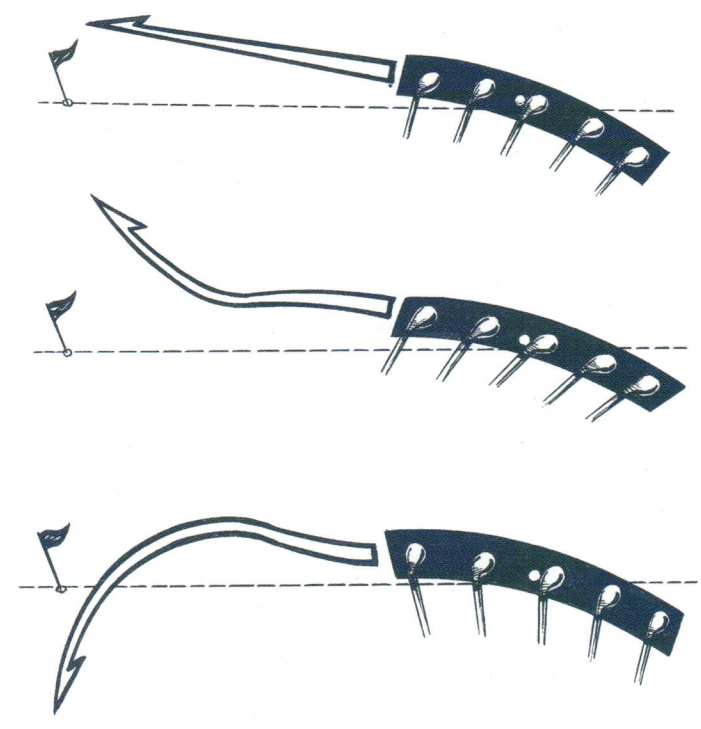

이상적인 스윙궤도와 공의 방향

- 인 투 인의 스윙궤도를 하면서 클럽 페이스를 직각이 되게 공을 맞힐 때

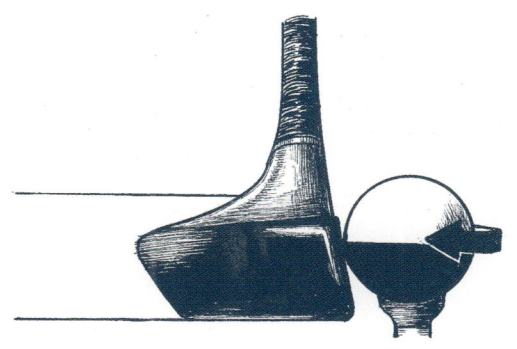

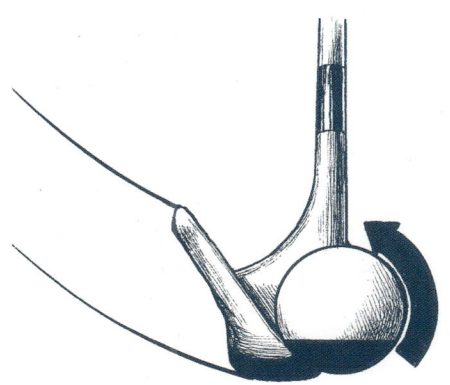

● 양어깨의 선을 항상 목표와 평행이 되게 하는 것

◀ 정확한 그립을 잡는 일(스퀘어 그립)

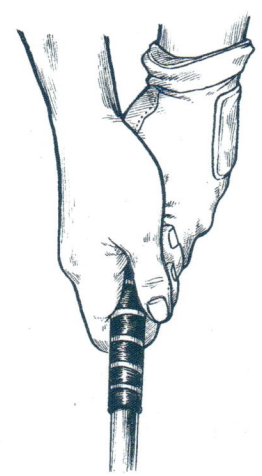

▼ 공이 날아가는 방향

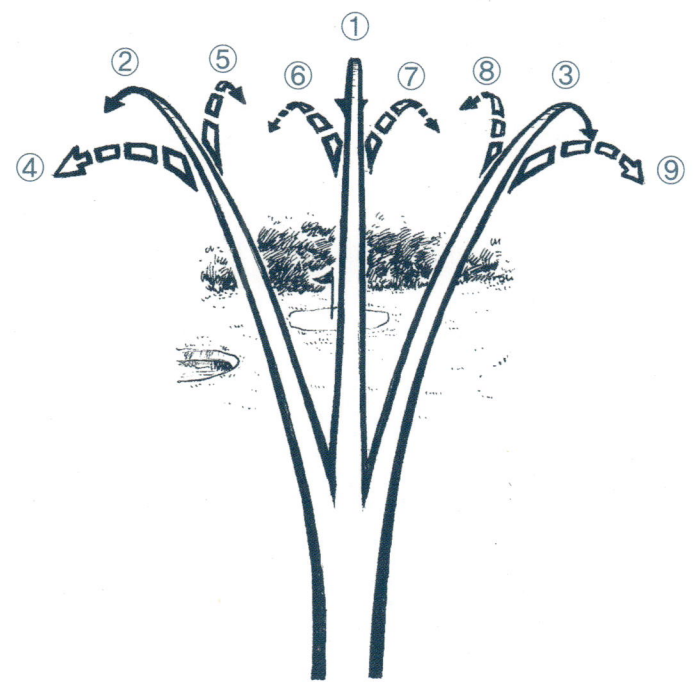

① 스트레이트(Straight)
② 풀(Pull)
③ 푸시(Push)
④ 풀 훅(Pulled Hook)
⑤ 풀 슬라이스(Pulled Slice)
⑥ 스트레이트 훅(드로 : Draw)
⑦ 스트레이트 슬라이스(페이드 : fade)
⑧ 푸시 훅(Puched Hook)
⑨ 푸시 슬라이스(Puched Slice)

스윙의 연습은

골프 테크닉은 짧은 스윙부터 몸에 익히고 점차 긴 스윙으로 나가는 것이 좋습니다. 짧은 스윙이 긴 스윙보다 더 쉽기 때문입니다. 다음의 순서에 따라 차례차례 스윙을 배워 나가세요. 앞 단계의 스윙을 완전히 익힐 때까지는 다음 단계로 넘어가지 않는게 좋습니다.

- 퍼팅　　　스윙연습의 단계
- 치핑　　　미니 스윙　퍼팅, 치핑
- 피칭　　　하프 스윙　피칭
- 드라이빙　풀 스윙　　드라이빙 페어웨이 샷

◀ 스윙의 크기

포워드 스윙의 크기는 백스윙의 크기와 거의 같게 하는 것이 원칙이다.

골프 테크닉 또는 스윙의 길이를 몸에 익히려면 자신의 시계 앞에 서서 양발을 6시 방향에 놓고 있다고 생각합니다. 백

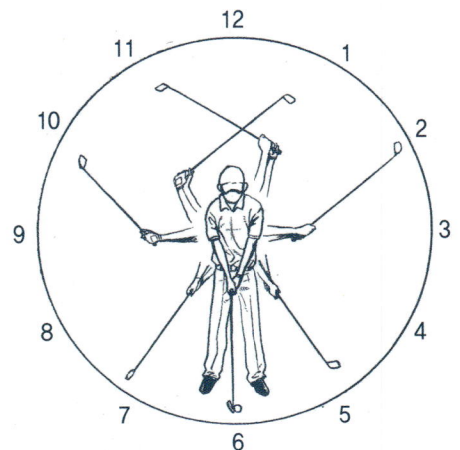

제3장 스윙의 기초를 알아보자 **165**

스윙을 하면서 7시까지 스윙 한다. 또다시 8시나 9시까지 스윙한다는 생각을 하면서 백스윙의 크기와 포워드 스윙의 크기를 달리해 봅니다.

  골프 테크닉은 그 대부분이 스윙의 길이 그리고 클럽의 로프트와 관련이 있습니다. 또 스윙 스피드가 얼마나 빠르냐 느리냐에 따라 비거리가 좌우되기도 합니다. 그러나 앞서 말한 것처럼 시계의 문자판을 상상하면서 스윙을 할 때는 어떤 스윙을 하더라도 일정한 스피드를 유지해야 합니다.

  스윙이 크면 클수록 클럽 스피드는 늘어납니다. 그리고 스윙이 빠르면 빠를수록 비거리는 늘어납니다.

  스윙 연습을 하는 첫 단계에서는 양발을 거의 붙이듯이 하고 연습 한다.

▼ 미니스윙

풀 스윙의 약 3분의 1 크기로 스윙을 합니다. 시계의 문자판을 기준으로 해서 보면 7시에서 5시 또는 8시에서 4시까지 스윙을 하는 것이 미니 스윙입니다. 이 미니 스윙은 치핑과 퍼팅을 할 때 하게 됩니다. 치핑을 할 때는 컨트롤을 위해 손목의 움직임을 최소화하고 몸은 스윙에 따라 자연스럽게 움직이도록 맡겨 둡니다. 퍼팅을 할 때는 몸도 가만히 두는 것이 좋습니다.

칩 샷을 하면 볼은 낮게 떠서 멀리 굴러간다.

퍼팅을 할 때는 볼이 뜨지 않고 굴러가게만 해야 한다.

▼ 하프 스윙

풀 스윙의 반 정도 되는 크기까지 스윙을 합니다. 시계를 기준으로 해서 보면 9시부터 3시까지라고 생각하면 되겠습니다. 양손목은 이 위치에서 꺽이게 될 것(코킹)입니다. 하프 스윙은 피칭을 할 때 하게 됩니다. 피칭을 할 때는 오른팔(백스윙 때) 또는 왼팔(포워드 스윙 때)이 접히게 되고 손목도 꺽이게 됩니다.

피치 샷을 하면 볼이 높이 뜨고 땅에 떨어졌을 때 덜 구르는 구질이 나온다.

▼ 풀 스윙

11시 방향까지 백스윙을 해주고 스윙 스피드에 따라 12시 방향 또는 그 이상으로까지 포워드 스윙이 진행이되도록 합니다. 풀 스윙은 거리를 내는 것이 일차적인 목적인 샷, 즉 드라이빙과 페어웨이 샷을 할 때 하게 됩니다.

스윙이 어떤 단계를 밟아 이루어지는지 확인해 보세요.

제 4 장
골프가 왜 어려운가?

골프 스윙의 일반적인 어려운 이유

- **그립** : 파워있는 스윙에는 그립이 대단히 중요한 역할을 한다.
  슬라이스, 악성 훅도 때론 그립에서 문제가 있는 경우가 흔한 일이다. 그러므로 골프에서 최고의 기본은 그립이다.
- **코킹** : 스윙은 각 신체 근육의 움직임과 인과관계로 부드러운 손목의 움직임이 이루어 질 수가 없다.
- **톱 스윙의 모양** : 코킹이 끝나고 왼쪽 어깨가 턱에 닿으면서 체중이 오른발에 실리면 백스윙 끝나게 되는 톱포지션이 운동방향과 목표에 볼을 원하는 곳으로 보내는 원인이다.
- **하체의 리드** : 다운스윙에서 힘의 방향전환이 하체에 의해 시작하게 되어야 볼이 비행방향 목표방향으로 하체에 의한 체중 이동으로 시작하게 된다.
- **임펙트에서 체중 싣기** : 스윙에서 다리는 몸을 받쳐주고, 균형을 잡아주며 손과 팔에 의해 만들어지는 원심력 스피드를 더해 주는 역할을 하는데, 임펙트에서 다리에 힘이 충분히 실리는 스윙을 해야 한다.
  하체는 다운스윙에서 목표 방향으로 수평이동 하면서 바로 회전운동으로 해야 되기 때문이다.

- **팔뻗기** : 골프 스윙은 근육 운동이므로 근육의 운동습관을 유지 시켜주지 않으면 망각해 버린다.
  장타와 정확성을 유지할려면 임팩트 팔로우스루에서 최대한 뻗는 것을 익혀야 합니다.
- **릴리스** : 골프 스윙 중에서 팔과 손을 연결하는 것이 손목인 것이다. 이 스윙기술의 향상도를 측정할 수 있는 바로미터 중 하나가 릴르스* 동작이다.
  * Release : 손목의 코킹을 푸는 위치, 일찍, 중간, 늦게 풀기로 구분한다.
- **피니쉬** : 다운스윙 때 허리 이하의 근육을 적절히 사용치 못함으로써 부족한 체중 이동이나 팔로우 스루에서 양팔을 뻗어주지 못하게 되며 릴리스 타이밍 늦어져 파워스윙이 어려워진다.
- **생각의 단순화** : 감각이 둔한 큰 근육들과 비교적 뇌의 명령에 즉각적인 반응을 보이는 작은 근육들의 운동습관을 스윙에 필요한 적절한 순서에 따라 유기적으로 통합하여 복잡한 이론을 간단한 동작으로 전환시킬수 있는 생각의 단순화가 필요하다.

가이드 포스트
Guide post
티 그라운드 앞의 페어웨이가 높아서 그린이 보이지 않을 때 플레이어가 목표를 잘 정할 수 있도록 세운 말뚝.

갤러리
Gallery
골프 경기나 시합을 관전하러 온 관중들.

계란 후라이
Fried egg
샌드 벙커 등에 볼이 떨어져 반쯤 묻혀 있는 모양새를 일컫는 말, 마치 날 계란을 프라이팬에 막 깨 올린 듯한 모양에서 비롯.

고 투 스쿨
Go to school
그린 위에서 퍼팅을 할 때 상대 경기자의 퍼트를 유심히 살펴 관찰한 뒤 그것으로 내가 퍼트할 방향과 속도를 파악해 내는 것.

고블
Gobble
그린 위에서 퍼팅을 과감히 하여 홀에 넣는 것.

골든 이글
Golden eagle
홀의 정해진 타 수 보다 3타를 적게 친 의미인 알바트로스와 같은 뜻. 예를 들어 파 5의 홀을 2타만에 홀인 해 내는 것.

구즈네크
Goose neck
퍼트 중 클럽의 헤드가 마치 거위의 머리처럼 굽어져 있는 것을 말한다.

그라스 벙커
Grass bunker
벙커와 비슷한 모양의 길게 잘란 잔디. 벙커라는 이름이 붙어 있으나 헤저드가 아니므로 클럽을 솔하여도 위반이 아니다.

그라스 커터
Grass cutter
쳐 낸 볼이 잔디 위를 거의 일직선상으로 스쳐 지나며 힘있게 굴러 튀어 가는 것을 말한다. 공이 굴러가며 잔디를 마구 깍아 내는 것처럼 직진하는 데서 시작된 말.

그라운드 더 클럽
Ground the club
어드레스 자세를 취할 때 볼 뒤에 클럽 헤드를 살짝 데어 보며 자리를 잡는 과정을 뜻하며 보통 클럽 헤드가 잔디의 바닥에 살짝 닿게 되는 포즈를 취한다.

그라운드 언더 리페어
Ground under repair
코스 내 일시적으로 공사나 작업중인 맨땅이나 물이 고여 있는 곳으로 일시적으로 플레이를 할 수 없는 지역을 뜻한다. 코스 내의 지역으로 패널티 없이 볼을 옮겨 드롭할 수 있으며 볼이 이 지역 밖에 있어도 플레이어가 그 지역에 서게 되어 플레이에 방해가 된다면 볼을 옮길 수 있다.

그라파이트 Graphite 골프 클럽의 샤프트나 클럽 헤드를 만드는데 사용하는 신물질로 매우 가볍고 강한 탄소계 물질이다.

그레인 Grain 그린 위에서 자라나는 잔디의 방향이나 잔디의 곁을 일컫는 말. 보통 태양이 있는 방향으로 수평으로 눕는 잔디의 습성에 따라 결이 생겨나는데 이는 그린 위의 퍼팅이 있어 홀컵에 접근 시키는데 막대한 영향을 미치기 때문에 프로 선수들은 항상 이 상태를 유심히 살핀다.

그로스 Gross 골퍼의 핸디캡 수를 계산하지 않은 실제 그대로의 타수, 보통 토탈이라고도 부른다.

그로스 스코어 Gross score	핸디캡의 수를 제하기전의 실제 샷으로 낸 점수
그루브 Groove	볼의 회전과 조절을 목적으로 클럽의 페이스에 파놓은 홈들을 지칭한다.
그리니 Greenies	par-3에서 첫 샷으로 홀에 가장 가깝게 볼을 치는 플레이어가 이기는 내기
그린 Green	골프 코스중 보통 퍼팅을 하는 곳으로 홀에서 해저드를 제외하고 20야드 이내로 고운 잔디로 정비되어 있다.
그린 넘버스 Green numbers	오버파의 성적을 표시한 득점판으로 레드 넘버스와 구분되는 말이다.
그린 키퍼 Green keeper	코스를 정비하고 유지 보수하는 사람을 뜻한다.

골프용어

그린 피 / Green fee │ 골프 한 라운드를 하는데 드는 비용으로 골프장에 지불하는 코스 사용료를 뜻한다.

기미 / Gimme │ 홀과의 거리가 너무 짧아서 치나 마나 들어갈 게 뻔한 경우 치지 않아도 인정해 주는 퍼트, 컨시드의 일종이지만 패배 직전에 있는 상대편이 요청하는 경우에 더 많이 사용한다.

기브 / Give │ 플레이어 서로의 볼이 홀에서 가까이 비슷한 지점에 놓여 있을 때 상대에서 서로 컨시드를 요구하는 것.

기브업 / Give up │ 경기를 포기한다는 뜻이다. 스트로크 플레이에서는 경기 자체를, 매치 플레이에서는 해당 홀을 포기하는 것. 단 스트로크 플레이에서는 반드시 홀 아웃 해야 한다.

내로우 스탠스 / Narrow stance │ 셋업시 양발의 간격이 표준보다 좁은 스탠스

내추럴 그립
Natural grip

베이스 볼 그립처럼 양쪽 손가락을 모두 샤프트 그립에 대고 쥐는 방식으로 인터록킹 그립보다 강하게 쥘 수 있지만 지나친 힘이 들어간 스윙. 안전성이 떨어지고 볼의 방향 조절이 힘들다. 주로 힘이 약한 여성이나 노약자들이 취하는 방식.

넉다운 샷
Knock down shot

끊어 치는 샷. 다운 블로우와 비슷하나 활로 스루가 없다.

네로우 블레이드
Narrow blade

페이스의 폭이 좁은 아이언 클럽의 일종

네트 스코어
Net score

핸디캡 스트로크를 빼고 난 후의 홀, 또는 라운드에 대한 점수를 말함.

넥
Neck

클럽의 헤드와 샤프트가 연결된 부분

노 리턴
No return
플레이어가 경기를 중간에 포기하고 스코어 카드를 제출하지 않는 것을 뜻하는 말로 약자로 NR이라고도 표기한다.

노 블러드
No blood
승패없이 다음 홀로 넘어가는 경우

니 액션
Knee action
스윙을 하는 동안 공에 최대한의 체중을 싣기 위해 양 무릎을 이동하는 방법

니 앵글
Knee angle
어드레스 자세를 취할 때 무릎을 구부린 각도

니블릭
Niblick
9번 아이언 클럽에 대한 옛 명칭

니어 핀
Near pin
공이 그린상의 홀 지점을 알리는 깃대인 핀에 매우 가까이 근접한 상태

다운
Down
게임에서 지고 있는 상황을 뜻한다. 플레이어가 상대방에서 지고 있는 홀수 또는 타수 등을 말할 때 사용하는데, 매치 플레이일 경우에는 원 다운, 투 다운 식으로 세고 스트로크 플레이인 경우에는 원 포인트 다운, 투 포인트 다운 등으로 센다.

다운 블로우
Down blow
스윙시에 탑에서부터 임팩트를 향하여 예리하게 휘둘러 내리는 궤도를 뜻한다. 아이언의 일반적인 타법인데 최근에는 아이언에서도 터프하게 하지 않고 클린하게 스윙하는 타법이 많아지고 있다.

다운힐 라이
Downhill lie
볼을 어드레스 할 때 왼발 보다 오른발을 더 높게 두는 걸 말함.

더블 보기
Double bogey
한 홀에서 기준 타수보다 두 타수 많은 점수

더블 이글
Double eagle
한 홀에서 기준 타수보다 세 타수 적은 점수, 엘버트로스와 같다.

더킹
Ducking
샷 후 솟아 오른 볼이 갑자기 떨어져서 굴러 가는 것.

더프
Duff
타구시 골프공의 바로 뒷 땅을 내리치는 샷

데드
Dead
볼이 홀컵에 곧바로 명중하거나 바로 옆에 바짝 붙는 상태.

도그렉
Dog leg
왼쪽이나 오른쪽으로 구부러져 있는 홀을 말한다. 구부러진 코스 모양이 하늘에서 볼 때 개의 뒷다리 같이 생겼다고 해서 이렇게 불리워 졌다.

도미
Dormie
(매치플레이에서) 나머지 홀(hole)의 수만큼 점수를 이기고 있는 선수가 최소한 지지는 않는(이기거나 비기는) 상황의 홀을 말한다.

뒷땅
Chunk shot_청크샷
Fat shot_팻샷

볼의 바로 앞 지면을 쳐 버리는 것을 더프 샷(Duff shot), 뒷땅치기라고 하는데, 그린 주변에서의 어프로치에서 더프하는 것을 특별히 청크샷(Chunk shot)이라고 한다.

드라이버
Driver

티샷을 하는 클럽으로 클럽중 가장 길기 때문에 방향의 컨트롤이 어렵지만 비거리가 가장 좋다. 우드 1번이라고도 한다.

드라이빙 레인지
Driving range

보통 200야드 이상이 되는 비거리를 확보하고 있는 실내나 실외 골프 연습장으로 드라이버에 의한 타구를 많이 연습 할 수 있다.

드로우
Draw

오른쪽에서 왼쪽으로 휘어지는 샷. 무승부, 결판이 나지 않음.

드롭
Drop

경기 중 볼을 잃어 버렸거나 장애 지역 또는 도저히 경기가 불가능한 위치에 놓여있을 때 경기가 가능한 위치에 볼을 옮겨 놓거나 새로운 볼을 다시 놓는 것을 뜻한다. 홀을 향해 똑바로 서서 어깨너머 뒤쪽에 볼을 떨어뜨린다.

디보트 / Divot
스윙하는 도중에 클럽헤드에 의해 패인 자국.

디센딩 블로우 / Decending blow
샷 스윙 궤적의 최저점 직전에 공을 맞히는 타격

디스퀄리파이 / Disqualify
자격상실, 실격을 의미한다. 반칙이나 부진한 성적으로 인해 플레이어의 자격이 상실되는 것.

디스터브 / Disturb
방해나 훼방을 하는 동작

디시젼 / Decision
제정 규칙의 이의나 논쟁에 대한 최종 결정.

딤플 / Dimple
골프공의 표면에 잇는 분화구 형태의 홈을 말한다. 우묵하게 들어간 딤플의 원리로 인해 표면이 매끈매끈한 공보다 잘 뜨고 멀리 날아갈 수 있다는 것이 증명되었다.

라스트 골
Last goal
1년 중 가장 마지막으로 하는 골프 경기로 대부분 그 해의 마지막 일요일에 행해지며 그 해 경기의 우승자는 참가할 수 없다.

라운드
Round
코스를 도는 것. 18홀을 돌면 1라운드라고 함. 18홀의 절반 9홀만 플레이 하는 것을 하프 라운드라고 한다.

라이
Lie
볼이 그라운드에 있는 위치 또는 상태. 또한 클럽 샤프트가 헤드에서 뻗어나가는 각도.

라이 앵글
Lie angle
어드레스 했을 때 샤프트의 선과 지면과의 사이에서 생기는 뒤쪽 각도.

라인
Line
볼과 홀까지의 샷의 경로

라인업
Line up
볼과 홀을 조준하기 위해 샷을 가늠하는 것

랑거
Langer
: 퍼트 할 때 이리 재고 저리 재며 오랫동안 뜸을 들이는 느린 골퍼에 대한 속어.

러닝 어프로치
Running approach
: 어프로치 샷의 한 방법으로 비교적 로프트가 적은 아이언으로 볼을 멀리 구르게 하여 홀컵에 접근 시키는 것.

러프
Rough
: 페어웨이 좌우 양쪽에 있는 어느쪽이든 잡초나 잡목숲 잔디 등이 나있는 정비되지 않은 지역.

럽 오브 더 그린
Rub of the green
: 움직이고 있는 볼이 다른 사람 때문에 방향이 변경되거나 정지된 경우를 말한다.

레귤러 티
Regular tee
: 보통 사용하는 티.

레귤레이션
Regulation
: 기준 타수의 숫자.

레이디스 티
Ladies tee
여성 전용의 티 그라운드를 뜻하며 일반적으로 붉은 티 마크로 표시한다.

레이 아웃
Lay out
코스의 설계를 말함.

레인지
Range
골프 연습장.

레인지 프로
Range pro
소위 말하는 닭장 프로로 연습장에서는 기막히게 잘 치다가 실제 코스에 나가면 헤매는 골퍼.

로스트 볼
Lost ball
분실된 공.

로우 핸디캡
Low handicap
핸디캡이 적은 상급 플레이어를 뜻하며 싱글 핸디캡이라고도 함.

로컬 룰
Local rule
각 코스의 특수조건에 맞게 설정하는 지역적 규칙

| 로프트
Loft | 클럽 페이스가 지면 위쪽을 바라보는 각도. |

| 롱게임
Long game | 원거리 플레이. 긴 아이언과 우드 클럽으로 치는 샷 |

| 롱 아이언
Long iron | 통상적으로 1, 2, 3번 길이가 긴 아이언을 뜻한다. |

| 롱 홀
Long hole | 430m 이상 파 5 이상의 홀을 말하며 총 18홀 중에서 보통 4코스에 파 5홀이 설정된다. |

| 루스 임페디먼트
Loose impediment | 코스내에 있는 자연적인 장애물
"흙, 돌맹이, 나뭇잎, 나뭇가지, 동물의 사체, 눈" 등 생명이 없고 지면에 단단히 고정되지 않은 물건 등을 말하며 이것들은 플레이 할 때 제거해도 된다. 그러나 해저드 구역에 떨어진 공을 칠 때는 이를 치울 수 없다. |

루즈 그립 / Loose grip
클럽의 그립을 느슨하게 쥐는 상태를 말한다.

룰 / Rule
골프 경기 규칙, 영국과 미국 골프 협회의 협의로 매 4년마다 개정한다.

룩업 / Look up
볼을 친 순간에 얼굴을 들어 공이 날아가는 방향을 보는 것. 헤드 업과 같은 말이고 좋지 않은 버릇의 하나이다.

리딩 에지 / Leading edge
골프채 헤드의 타면과 밑바닥의 경계선, 즉 날을 뜻함.

리커버리 샷 / Recovery shot
실수를 한 후 이것을 만회하기 위한 샷, 나쁜 샷을 만회 할 만큼 다음에 잘 친 샷.

리콜 / Recall
규정을 위반한 상대방 플레이어에게 수정을 요구 하는 것.

리크
Leak
볼이 날아가다가 바람에 의해 오른쪽으로 휘어져 날려가는 것.

리페어
Repair
코스나 그린 등을 수리하는 것을 말하며 언더 리페어라고 하면 수리 중인 코스를 말한다.

릴리프
Relief
해저드에 있었거나 다른 장애물에 영향을 받은 볼을 드롭하는 장소.

립
Lip
컵이나 벙커의 가장자리

립 아웃
Lip-out
볼이 홀컵 가장자리에는 닿았지만 들어가지 않는 것.

링크스
Links
Sea side course 즉 해안가 코스를 말한다.

마샬
Marshall
갤러리들이 혹시 있을지 모르는 경기 진행 방해를 감독하는 경기 진행 요원.

마운드
Mound
코스 안에 있는 조그만 동산, 언덕, 흙 덩어리 등.

마커
Marker
동전 같은 작고 둥근 물체로, 볼의 위치를 표시하기 위한 것. 혹은 스코어를 기록하기 위해 선임된 사람.

마킹
Marking
골프채의 헤드에 새긴 글자. 전사 마크를 붙이는 것. 스탬핑이라고도 한다. 손끝으로 만져 감각으로 느끼는 날카로운 모나 불룩한 부분이 있어서는 안 된다.

매쉬
Mashie
5번 아이언 클럽의 애칭.

매쉬 니블릭
Mashie-niblick
7번 아이언 클럽의 애칭.

말레
Mallet
넓은 헤드를 가진 퍼터.

매치 플레이
Match play
편을 나뉘어 플레이 하는 게임.

멀리건
Mulligan
최초의 샷이 잘못 되도 벌타 없이 주어지는 세컨드 샷을 말함, 볼간이라고도 부른다.

메시
Mashie
아이언 5번에 해당하는 로프트(32)를 가진 것을 뜻한다. 스페이드 메시라든가 메시니블릭이란 것은 메시보다 조금씩 로프트가 많은 것으로 6, 7번에 해당된다.

메시 아이언
Mashie iron
4번 아이언의 옛 명칭. 보통 로프트 각도는 28도이다.

메달리스트
Medallist
스트레치 경기에서 가장 적은 스코어를 낸 사람.

메이크 | Make
샷으로 홀에 볼을 넣는 것.

미드 아이언 | Mid-iron
2번 아이언 클럽의 애칭.

미들 홀 | Middle hole
230~430미터 정도의 코스, 여자의 경우는 190~360미터 정도의 코스, 파 4홀.

믹스드 포섬 | Mixed foursome
남녀 각 두 명씩으로 구성.

바나나볼 | Banana ball
크게 커브를 그리는 샷.

바든 그립 | Vardon grip
해리 바든이 창안한 그립, 오버랩핑 그립을 말하며 V자 그립이라고도 한다.

바이트 | Bite
볼이 착지했을 때 백스핀이 걸려 멎게 만드는 역회전.

배피
Baffie
우드 4번 클럽의 애칭

백 카운트
Back count
최종 라운드 타수가 같으면 후반 9홀의 총 타수, 후반 6홀의 총타수, 후반 3홀의 총타수 순으로 성적으로 따지는 방식이다. 모두 일치하게 되면 마지막 홀부터 1번 홀까지 역산으로 각 홀별 타수를 따진다.

백티
Back tee
티 그라운드에 있는 티 중에 뒤편에 있는 티로 프론트 티로부터 5~6야드 뒤쪽에 있다.

백스윙
Back swing
샷을 하기 위해 클럽을 뒤로 빼는 모션.

백스핀
Backspin
볼이 그린에 떨어졌을 때 뒤쪽으로 역회전 하는 것.

버디
Birdie
한 홀에서 기준 타수보다 한 타수 적은 타수.

버피
Buffy
4번 우드의 애칭.

벙커
Bunker
모래를 깔아놓은 헤저드. 샌드 트랩이라고도 부름.

벙커 샷
Bunker shot
벙커 안에 떨어진 공을 그린 또는 페어웨이로 쳐 내는 타법. 샷의 어드레스를 할 때에는 클럽을 모래에 닿게 하면 안된다.

베리드 라이
Buried lie
묻힌 볼. 볼이 잔디나 모래에 떨어져 시야에서 사라져 버렸을 때의 상태.

베어 그라운드
Bare Ground
잔디나 풀이 없어 흙이 드러난 맨 땅.

베이스볼 그립
Baseball grip
클럽을 쥘 때 열 손가락을 다 사용해서 잡는 그립.

베일 그립
Veil grip
왼쪽 검지를 오른쪽 손 위에 겹치게 하는 방법. 보통 역 그립이라 생각하면 쉽다.

베트
Bet
골프에서의 내기. 승부 또는 도박.

보기
Bogey
한 홀에서 기준 타수보다 한 타수 넘는 타수.

보기 트레인
Bogey train
보기를 연속해서 하는 것. 기차에 차량을 달고 다니는 것과 유사하게 보여 이렇게 부른다.

보기 플레이어
Bogey player
1홀 평균 스코어가 보기로서 끝내는 골퍼를 말한다. 즉 1라운드를 90타 전후로 치는 사람으로 에버리지 골퍼와 같은 뜻.

볼 마커
Ball marker
동전 같은 물체로, 그린에서 볼의 위치를 가리키는데 사용되는 것.

브래시
Brassie
우드 2번 클럽의 애칭

브이 쉐입
V shape
그립을 잡을 때 집게와 엄지손가락이 이루는 V자 형태.

블라스트 / Blast
많은 모래를 뿌리며 벙커에서 크게 치는 샷. 익스플로젼 샷과 같다.

블라인드 / Blind
경기에서 다른 조의 사람과 스코어 결과만으로 승부를 겨루는 경기방식.
또는 지형의 기록, 숲 등으로 타구의 목표점이 보이지 않는 경우.

블라인드 샷 / Blind shot
목표지점이 보이지 않을 때의 샷.

블라인드 홀 / Blind hole
티 그라운드에서 그린이 가려져 보이지 않는 홀.

블레이드 / Blade
아이언 클럽의 칼날모양으로 된 부분.

블로우 / Blow
강타. 강한 샷. 힘을 넣어 강하게 치는 것.

블록 / Block
목표 지점의 오른쪽으로 가버리는 샷.

비기너
Beginner
— 초보자, 골프를 처음 시작한 사람.

비스크
Bisque
— 한 플레이어가 다른 플레이어에게 부여하는 핸디캡 스트로크. 하수(下手)인 사람에게 유리하다.

비지터
Visitor
— 회원제 클럽에서 플레이하는 비회원.

사이드 벙커
Side bunker
— 페어웨이 옆에 있는 벙커.

사이드 블로우
Side blow
— 공의 측면을 타격해서 튀겨 보내듯이 치는 것.

사이드 스핀
Side spin
— 볼이 옆으로 회전 하는 것으로 슬라이스나 훅이 될 수 있다.

사이드힐 라이
Sidehil lie
— 발 아래나 위에 있는 볼.

샌드 웨지
Sand wedge
주로 벙커 샷을 할때 쓰는 아이언클럽.

샌드배거
Sandbagger
자신의 핸디캡에 관해서 거짓말을 하는 골퍼.

샌디
Sand
벙커에 빠진 후에 파를 하는 것.

생크
Shank
샷을 할 때 클럽 샤프트의 뒷부분으로 볼을 친 것으로 실패타의 하나.

샤프트
Shaft
클럽의 막대기 부분. 스틸 또는 그래파이트로 되어 있다.

샷 건
Shot gun
산탄총처럼 수많은 총알이 한꺼번에 발사된다는 뜻으로 골프에서 티 그라운드에서 일제히 시작하는 방식.

서든 데스
Sudden-death
홀에서 일등을 하는 선수가 매치를 이기는 플레이오프.

서키트
Circuit
순회경기.

소울 플레이트
Sole plate
우드 클럽의 바닥에 부착되어 있는 금속.

소켓
Socket
샤프트 클럽 헤드가 연결되는 부분. 그 부분에 볼이 맞는 것을 "소케트 한다."고 한다.

솔
Sole
클럽헤드의 바닥. "솔한다"는 것은 솔 부분을 지면에 붙이는 것을 말하며 벙커에서는 솔 해서는 안 된다.

숏 게임
Short game
어프러치에 속하는 단거리 플레이 게임. 6번 아이언 클럽을 사용한다.

숏 어프로치
Short approach
가까운 거리의 어프로치.

숏 홀
Short hole
거리가 짧은 홀로 주로 250야드 이하의 파 3 홀을 뜻한다.

스마일
Smile
볼을 잘못 쳐서 볼에 난 상처.

스웨이
Sway
백스윙할 때 몸을 돌리지 않고 오른쪽으로 과도하게 움직이는 것.

스웨일
Swale
코스가 함몰됐거나 움푹 패인 곳.

스위트 스팟
Sweet spot
클럽페이스의 중심점. 볼을 스트라이크 하기에 완벽한 지점.

스윙
Swing
볼을 칠 때 어드레스부터 피니시까지의 클럽의 진폭 동작, 즉 흔드는 것을 말함.

스카이
Sky
볼이 클럽페이스의 꼭대기 위에 맞아 날아가는 것.

서커프
Scuff
볼의 바로 뒤땅을 치는 것.

스코어
Score

각 홀의 타수. 혹은 총 타수.

스코어카드
Scorecard

길이, 파, 각 홀의 난이도 등이 기록한다.

스쿠프
Scoop

아이언 클럽으로 공을 높이 떠내듯이 쳐 올리는 것. 벙크에서 그린으로 쳐올리는 것.

스퀘어
Square

점수가 동점이 경우.

스퀘어 그립
Square grip

왼쪽 손등과 오른쪽 손바닥이 거의 직각이 되게 쥐는 그립 법.

스퀘어 스탠스
Square stance

양쪽의 발끝이 비구선과 평행이 되도록 하는 발의 자세.

스크래치
Scrathc

상대편에게 핸디캡을 붙이지 않는 것. 또는 핸디캡이 제로(0)인 것.

스크래치 플레이어
Scratch player
핸디캡이 제로(0)인 플레이어의 통칭.

스킨스
Skins
한 홀에서 가장 점수가 낮을 경우 이기는 내기 게임.

스테디 플레이어
Steady player
건실한 기법을 가진 플레이어. 또는 안정된 플레이를 지속적으로 하는 플레이어. 변화가 가장 적은 플레이어를 뜻함.

스트로크
Stroke
경기에서 볼을 치려는 의도를 가지고 클럽을 움직이는 동작 또는 타수.

스트로크 플레이
Stroke play
정해진 홀(18홀 또는 72홀) 전체의 스코어 합계로 승부를 가리는 방식.

스트로크 홀
Stroke hole
플레이 할 때의 핸디캡에 따라서 샷을 주거나 받는 홀.

스트롱 그립 | 왼손을 깊이 쥐고, 오른손은 얕게 샤프트 밑
Strong grip | 으로 쥐는 그립의 방법. 훅 그립이라고도 함.

시티프 | 단단한 샤프트. 혹은 딱딱한 자세.
Stiff |

스파이크 | 신발의 못. 스파이크가 달린 신발.
Spike |

스페이드 매쉬 | 6번 아이언 클럽의 애칭.
Spade-mashie |

스푼 | 3번 우드의 애칭.
Spoon | 1번 우드 – Driver(드라이버)
| 2번 우드 – Brassie(브라시)
| 3번 우드 – Spoon(스푼)
| 4번 우드 – Buffy(버피)
| 5번 우드 – Cleek(클리크)

슬라이스 | 왼쪽에서 오른쪽으로 휘어져 나가는 샷.
Slice |

신 페리오 방식
New perio method

파의 합계가 48이 되도록 12홀의 숨긴 홀을 선택하여 경기 종류 후 12홀에 해당하는 스코어 합계를 1.5배 하고 거기서 코스의 파를 뺀 80%를 핸디캡으로 하는 산정 방식.

싱글
Single

경기에서 2인이 라운드하는 것. 또는 핸디캡이 9 이하 1까지의 골퍼를 말함.

아미
Army

전반 9홀의 성적으로 핸디를 정하는 것을 말함.

아웃 드라이브
Out drive

상대방 보다 멀리 드라이브 하는 것. "오브드라이브"와 같다.

아웃 코스
Out course

전반 9홀. 클럽 하우스에서 출발해나간 데에서 유래했다.

아웃사이드 인
Outside in

볼과 목표 까지의 라인의 바깥에서 볼쪽으로 클럽헤드가 따라가게 되는 스윙경로.

아이언
Iron
클럽 헤드가 쇠로 만들어진 골프 클럽의 총칭. 1번에서 9번까지 한 세트로 취급한다. 그 외에 특수한 아이언으로 피칭 웨지와 샌드 웨지를 추가할 수 있다.

아크
Arc
스윙의 원형. 포물선의 모양새.

알바트로스
Albatross
기준타수보다 3타 적게 홀인 하는 경우.

어게인스트 룰
Against rule
경기 규칙을 위반 하는 것을 말한다.

어드레스
Address
스윙을 하기 직전의 준비 자세.

어드바이스
Advice
플레이어의 결단이나 클럽의 선택 혹은 스트로크나 샷에 대한 방법에 조언하는 것을 말한다. 해저드나 퍼팅 그린에서 깃대의 위치 등을 알리는 것은 어드바이스가 아니다. 룰에 대한 조언은 해당되지 않으므로 잘못 조언하면 플레이어가 2벌점을 받는 경우도 있다.

| 어테스트 Attest | 상대방의 스코어 카드가 틀린 점이 없는지 확인 한 후 사인 하는 것. |

| 어텐드 Attend | 파트너가 퍼트 할 때 깃대를 치우는 것. |

| 어프로치 샷 Approach shot | 그린에 올리려고 시도하는 샷. |

| 언 코일 Un coil | 스윙에서 틀어 돌린 상체를 다시 원 상태로 되돌리는 것. |

| 언콕 Un cock | 스윙 할 때 콕(꺾임)한 손목을 펴서 원 상태로 돌아가게 하는 것. |

| 언더 리페어 Under repair | 코스 내에 일시적으로 공사나 작업 중인 곳으로 플레이를 할 수 없는 지역을 뜻한다. 코스 내의 지역으로 벌점 없이 볼을 옮겨 드롭 할 수 있으며 볼이 이 지역 밖에 있어도 플레이어가 그 지역에 서게 되어 플레이에 방해가 된다면 볼을 옮길 수 있다. |

언더 슬링
Under sling

아이언 헤드의 목 부분의 밑면이 뒤쪽으로 불룩하게 된 상태. 샤프트의 축과 헤드의 중심이 가까이 되기 때문에 방향성이 좋아진다.

언더 클로빙
Under clubbing

필요로 하는 클럽보다 하위 클럽(짧은 클럽)을 사용하는 것. 예를 들어 3번 아이언을 필요로 할 때 4번이나 5번 아이언을 사용한 것.

언더 파
Under par

규정된 타수보다 적은 타수로 홀인 시키는 것. 1언더파는 버디. 2언더파는 이글. 3언더파는 알바트로스라 한다.

언더 핸디캡
Under handicap

핸디캡을 산출해서 붙이는 것.

언듀얼레이션
Undulation

코스가 울퉁불퉁한 정도의 높고 낮은 기복 상태. 코스의 변화가 몹시 심할 때는 업 앤 다운이라고 한다.

언플레이어블
Unplayable
볼을 도저히 칠 수 없는 지역(돌담, 나무뿌리, 낭떠러지 등)에 볼이 들어간 경우 선언을 하고 규정에 따라 경기를 계속 할 수 있도록 하는 상황.

언플레이어블 라이
Unplayable lie
언플레이어블 상태에 볼이 놓인 경우.

업
Up
홀수 또는 이긴 횟수가 상대보다 많을 때 원 업, 투 업 등으로 말한다. 매치에서 앞서는 것.

업 스윙
Up swing
다운스윙의 반대. 요즘에는 백스윙이라는 말이 더 많이 사용된다. 클럽을 위로 쳐 올린다고 해서 예전에는 업 스윙이라고 했다.

업라이트 스윙
Upright swing
스윙의 궤적이 급격한 수직에 가깝도록 스윙하는 것. 플렛스윙의 반대 말.

업 앤 다운
Up and down
심한 기복.

업 힐
Up hill
홀의 높낮이가 그린으로 가까워 질 수록 더 높게 구성되어 있을 때를 말한다.

에버리지 골퍼
Average golfer
중간 정도의 실력을 가진 일반 골퍼. 보통 핸디가 15~18 정도 되는 골퍼를 말한다.

에버리지 스코어
Average score
스트로크 플레이로 각 홀의 합계 타수를 평균해서 1홀의 스코어를 정하는 것.

에어 샷
Air shot
샷을 할때 볼을 맞히지 못하고 허공을 휘두르는 헛 스윙을 뜻한다.

에이 에버리지
A average
샤프트의 경도를 나타내는 기호. A는 약간 부드러운 샤프트. 이외에 L은 일반 여성용, R은 일반 남성용, S는 일반 상급자용, X는 프로의 강타자용, W는 힘이 약한 여성, 노약자용 등으로 표시된다.

에지
Edge
그린, 벙커, 홀컵의 가장자리 또는 끝을 말한다.

| 엑스트라 홀
Extra holes | 매치가 승패를 결정하지 못했을 경우 연장전에 플레이하는 홀. |

| 오너
Honor | 맨 처음 티샷하는 영광을 얻은 사람을 오너라고 한다. 1번 티에서는 대게 제비뽑기를 하여 정하고 그 후에는 앞 홀에서 타수가 적은 사람이 오너의 자격을 가진다. |

| 오버
Over | 볼이 목표보다 그린이나 홀을 넘어 멀리 날아가는 것. 타수가 규정타수보다 많은 것. |

| 오버 스윙
Over swing | 스윙의 탑 동작에서 지나치게 클럽을 강하게 휘둘러 필요 이상으로 치켜드는 것. |

| 오버 스핀
Over spin | 공의 회전이 위에서 아래로 걸리는 것으로 대게 볼의 중심부 보다 조금 더 위를 치면 오버 스핀이 적다. 착지 후 많이 구르게 되는 특징을 갖고 있다. |

오버래핑
Overlapping
그립의 한 종류로써, 오른손의 새끼손가락이 왼손의 검지손가락 위에 겹쳐지게 잡는 것.

오비
OB
아웃 오브 바운드(out of bound)의 약자로 코스의 가장 끝 가장자리의 플레이 금지 구역을 말한다.

오즈
Odds
이긴 수. 게임을 할 때 약한 상대방에게 주는 핸디캡.

오픈 게임
Open game
아마추어와 프로가 한꺼번에 라운드하는 경기 방식.

오픈 스탠스
Open stance
플레이어가 왼발을 볼에서 멀리 떨어지게 뒤로 뺀 자세.

오피셜
Official
협회로부터 공식적으로 인정된 경우. 공인 핸디캡이나 공식 경기 등으로 표현된다.

오피셜 핸디캡
Official handicap
협회로부터 공식적으로 인정받은 핸디캡.

온 그린
On green
볼을 그린에 올리는 것. 원 온더 그린은 한번의 티샷이 바로 온그린하는 것을 말한다.

올 스퀘어
All square
승패가 결정되지 않은 무승부라는 뜻. 하바드 매치라고도 한다.

옵스트럭션
Obstruction
인공적으로 장애물을 만들어 코스에 설치 또는 방치해 놓은 것.

왜글
Waggle
샷을 하기 전 클럽을 좌우로 흔들어 감각을 익히는 준비동작. 근육의 긴장을 푸는 효과도 있다.

우드
Wood
클럽 헤드가 뭉툭하게 생긴 클럽.

원 업
One up
매치 스코어에서 한 홀 앞서있는 것.

원 피스 스윙
One piece swing
전체 기능이 완전 일체화 된 백스윙.

웨지
Wedge
피칭을 할 때 사용하는 세워진 클럽(아이언).

이글
Eagle
한 홀에서 기준 타수보다 두 타수 적은 점수.

이븐
Even
정해진 규정 타수를 치는 것.

이지 샷
Easy shot
치기 어렵지 않은 샷, 쉽게 칠 수 있는 공.

이지 스윙
Easy swing
힘을 컨트롤 하면서 편하게 하는 스윙.

익스플로전 샷
Explosion shot
벙커에서 모래와 함께 강하게 치고 올라오면서 마치 폭팔하는 것처럼 하는 샷을 뜻한다.

인
In
커밍 인(coming in)의 약칭. 18홀 중 후반의 10번 부터 19번까지의 9홀을 뜻함.

인 바운드
In bound
플레이가 가능한 구역. 반대 용어는 아웃 오브 바운드(OB)다.

인비테이션 매치
Invitation match
초대 경기, 초청 경기

인사이드 아웃
Inside out
클럽헤드가 임팩트 지역을 통과하고 목표의 오른쪽으로 향한 라인을 따라 움직이는 것.

인스트럭터
Instructer
일반적으로 레슨 프로를 지칭한다.

인코스
In course
후반 9홀. 클럽 하우스로 들어온다는 뜻에서 유래되었다.

인터록킹 그립
Interlocking grip
그립법의 한 종류로 손이 작은 사람이나 비교적 힘이 약한 사람이 사용하는 방법. 오른손의 새끼손가락이 왼손의 검지손가락과 얽히면서 손잡이를 잡는 동작.

인텐디드 라인 / Intended line
클럽에서 목표로 볼이 날아가는 것을 상상할 때의 경로.

인텐셔널 / Intentional
고의적이라는 뜻으로 의식적으로 볼을 슬라이스 내는 것을 인텐셔널 슬라이스 샷이라고 한다.

임팩트 / Impact
클럽이 볼을 때리는 순간.

잠정구 / Provisional ball
볼이 워터 해저드 외에서 분실의 우려 또는 OB의 염려가 있을 때 플레이하는 볼로서 반드시 잠정구를 치겠다는 의사를 밝혀야 하는데 선언하지 않으면 그 볼은 잠정구가 아니라 스트로크와 거리의 벌을 받고 인플레이의 볼이 됨.

장애물 / Obstruction
경기를 원활하게 진행하는 데 장애가 되는 코스 내의 물건 또는 인공적으로 만들어진 경기 장애요소.

저크 / Jerk
타격을 하는 순간에 호흡이 불안정하여 스윙을 급하게 함으로써 올바르게 볼을 보내지 못하는 것.

정규 라운드 / Stipulated round
홀의 순서에 따라 플레이를 하게 되는 라운딩으로 보통 18홀임.

제너럴 룰 / General rule
골프협회가 정한 규칙.

지거 / Jigger
4번 아이언 클럽에 대한 애칭.

챔피언 코스 / Champion course
공식 선수권대회를 할 수 있는 정규 코스로 홀수는 18홀이며 전장은 6,500야드 이상으로 규정되어 있음.

청크 / Chunk
볼 앞의 지면을 두텁게 치는 미스 샷.

치 / Chee
나무손잡이로 된 4, 5번 아이언에서 골퍼가 볼을 치기 위해 사용하는 클럽의 머리부분.

칠리딥
Chili-dip
그린 주변에서 클럽이 볼에 닿기 전에 땅을 많이 치는 미스 샷.

칩
Chip
비교적 낮은 탄도의 짧은 어프로치 샷.

칩 샷
Chip shot
손목만을 이용한 어프로치의 일종으로 단거리에서 핀을 향해 치는 샷이다. 4, 5, 6번 아이언 로프트를 사용한다.

칩 인
Chip in
칩 샷으로 볼이 홀인하는 것.

칩 앤 런
Chip and run
4, 5번 아이언과 같은 짧은 로프트를 가진 클럽으로 치는 샷을 말하며 그린의 가장자리나 러프에서 주로 사용함.

캐넌 샷
Canon shot
유럽 PGA투어에서 한 해 동안 벌어진 각종 경기에서 가장 멋진 샷을 날린 선수에게 주는 상.

| 캐디
Caddie | 플레이어의 보조원으로 캐디의 조언은 받아도 됨. |

| 캐리
Carry | 볼의 원래 위치와 날아가서 떨어진 지점간의 거리. |

| 캐리 오버
Carry over | 규정된 홀 수에서 승부가 나지 않아 연장플레이를 하는 것. |

| 캐리드 오너
Carried honour | 전 홀에서 동점이 된 경우 다음 홀에서도 이전 오너가 우선적으로 샷을 할 수 있는 권리를 가지는 것. |

| 캐주얼 워터
Casual water | 코스 내에 일시적으로 물이 고인 곳으로 벌점없이 드롭할 수 있으며 워터 해저드와는 다름. |

| 캘러웨이 핸디캡 시스템
Calloway handicap system | 미국 라이오넬 캘러웨이라는 프로골퍼가 1957년에 고안한 핸디캡 산출 방식. 핸디캡이 통일되지 않은 사람이나 없는 사람이 참가한 |

경기에서 임시 핸디캡을 즉석에서 산출하는 방식이다.

커밍 인
Comming in
코스의 후반 9홀로 인코스와 같은 뜻.

커피 라이
Cuppy lie
컵처럼 생긴 구덩이에 들어간 볼의 위치를 말하며 보통 러프 지역의 다듬지 않은 코스에 많고 대부분 샷하기 곤란함.

컨시드
Concede
홀 매치게임에서 볼을 원 퍼터로 넣을 수 있다고 판단하는 경우, 실제 퍼팅이 있기 전에 상황을 인정하는 것으로 스트로크 플레이에서는 허용되지 않음.

컨트리클럽
County club
전원클럽의 뜻에서 골프 코스를 지칭하는 말로 바뀜.

컴팩트
Compact
빈틈없는 완전한 스윙.

컴피티션
Competition
경기, 사적인 경기는 프라이빗 컴피티션이라고 함.

컵
Cup
그린 위에 있는 홀.

컷
Cut
볼을 비스듬하게 끊는 듯한 타법.

컷 인
Cut in
코스의 순위를 무시하고 도중에서부터 플레이를 하는 것.

컷 샷
Cut shot
볼을 시계방향으로 회전시키는 스트로크, 왼손잡이는 시계반대방향.

코스
Course
경기가 허용되는 모든 지역을 말하며 스루더 그린, 해저드, 티잉 그라운드, 퍼팅 그린 등.

코스 레이트
Course rate
기준이 되는 플레이어의 플레이를 기준으로 코스의 여러 조건을 고려하여 정한 코스의 난이도.

코스 레코드 | 코스가 생긴 이래 공식적으로 인정된 최저 스코어.
Course record

콕 | 공을 치기 위한 백 스윙에서 손목의 꺾임.
Cock

쿼드러플 보기 | 파보다 4타수 많은 스코어.
Quadruple bogey

쿼터 스윙 | 백 스윙을 풀 스윙의 $\frac{1}{4}$ 정도로 하는 것.
Quarter swing

쿼터 파이널 | 8강에서 4강 진출을 놓고 겨루는 준준결승으로 세미 파이널이라고도 함
Quarter final

크로스 벙커 | 페어웨이를 옆으로 비스듬하게 끊어 만든 벙커.
Cross bunker

크로스 윈드 | 공이 나아갈 방향의 반대편에서 불어오는 바람.
Cross wind

클럽
Club
골프볼을 치기 위한 도구, 골프 코스.

클럽 렝스
Club length
클럽의 길이로 볼을 옮겨야 할 경우 그 한도를 클럽의 길이로 규정함.

클럽 페이스
Club face
실제 볼을 치는 타구면으로 클럽의 종류에 따라 모양이 다양함.

클럽 하우스
Club house
골퍼가 식사, 옷 갈아입기, 목욕, 휴식 등을 하는 건물.

클럽 핸디캡
Club handicap
각 클럽에 등록된 회원의 핸디캡으로 공식인증이 되지 않은 경우도 있음.

클럽 헤드
Club head
클럽의 타구면과 바닥면을 포함한 부분.

클레임
Claim
상대방의 규정위반에 대한 항의 행위의 일체를 말함.

클로즈드 스탠스
Closed stance
왼쪽 발을 오른쪽 발보다 의도한 라인에 가까이 두는 어드레스 자세.

클로즈드 페이스
Closed face
어드레스시 의도한 라인 또는 임팩트시 클럽 헤드의 운동방향 좌측으로 클럽 면을 겨냥하는 것.

클린
Clean
아이언으로 잔디나 흙 등 바닥을 건드리지 않고 볼만을 깨끗하게 쳐내는 것.

킥
Kick
볼이 그라운드에 떨어질 때 반동으로 튕겼다가 다시 제자리로 되돌아 오른 것.

타이
Tie
동점으로 경기에서 최소 타수의 사람이 2인 이상 있을 때.

타이거 티즈
Tiger tees
홀로부터 가장 멀리 떨어져 있는 티로서 챔피언 티와 동일.

타이밍
Timing
스윙에서 몸동작의 연속된 움직임.

타이트 라인
Tight lie
잔디가 전혀없는 지점에 놓인 볼의 위치.

탑
Top
클럽 바닥이나 리딩 에지로 볼 중앙 윗부분을 치는 샷으로 탑핑(Topping)이라고도 함.

탑 스윙
Top swing
백 스윙의 최정점이자 다운 스윙의 시발점이 되는 일련의 동작.

탭 인
Tap in
매우 짧은 퍼팅.

터어프
Turf
잔디층 또는 잔디층을 치는 미스 샷을 말함.

턴
Turn
전반 9홀에서 10홀로 가기 위해 돌아나오는 것.

턴 오버
Turn over
스윙의 피니시 단계에서 클럽을 앞으로 내리고 왼쪽에서 오른쪽으로 몸을 내리는 것.

테이크 백
Take back
백 스윙을 하기 위해 클럽을 뒤로 빼는 동작.

테이크 어웨이
Take away
백 스윙의 시작부분.

테이크 잇
Take it
그린에서 원 퍼팅이 확실할 때 퍼팅을 하지않고 홀인한 것으로 인정하거나 동의하는 것.

템포
Tempo
스윙의 전반적인 페이스.

토우
Toe
클럽 헤드의 끝부분, 스탠스에 있어 선수의 발끝을 말함.

토크
Torque
샤프트가 비틀어지는 것 또는 비틀어지는 힘.

투 볼 포 섬
Two ball four some

2인 1조가 하나의 볼로 번갈아 가며 플레이하는 경기방식.

투 샷터
Two shotter

투온이 가능한 파 4홀의 승부처를 말하는 은어.

투볼
Two-ball

2인 2조로 4명이 서로 편을 가르는 경기방식.

투어 카드
Tour card

이듬해 투어에 출전할 수 있는 시드.

투웨이 웨지
Dual-purpose wedge

벙커와 페어웨이에서 사용할 수 있는 페어웨이 겸용 V자형 골프클럽.

투클럽 윈드
Two-club wind

볼의 주행거리에 심각한 영향을 끼치는 시속 20마일 이상의 강풍.

트랩
Trap

벙커의 미국식 속어.

트러블 샷 Trouble shot	스윙하기 어려운 장소, 샷하기 어려운 볼의 라이, 타구 방향에 장애물이 있는 등 샷하기 어려운 상황에서 행하는 샷.
티 Tee	드라이버 샷을 하기 위해 볼을 올려놓는 나무 못 또는 한 홀을 시작하는 지역으로 티 박스 또는 티 그라운드라고도 함.
티 마크 Tee mark	티의 구역을 정하기 위해 전방의 양측에 놓인 2개의 표식.
티 샷 Tee shot	티에서 볼을 치는 것으로 보통 티 업하고 침.
티 업 Tee up	티 그라운드에서 티에 공을 올려놓는 행위로 보통 티 오프와 혼동되어 사용되지만 부킹시간의 의미로는 티 오프가 정확함.
티 오프 Tee off	첫 홀에서 볼을 처음으로 치는 것으로 플레이를 시작하는 것을 말함.

티 그라운드 Tee ground	각 홀의 제1구를 치기 위해 두 클럽 길이의 지역.
파 Par	티 그라운드를 출발하여 홀을 마치기까지의 정해진 기준 타수로 거리에 따라 파5(롱홀), 파4(미들 홀), 파3(숏홀)로 구별됨.
파 브레이크 Par break	버디 이상의 스코어를 내는 것.
파이프 Pipe	아이언클럽의 목이나 호젤의 별칭.
팔로 윈드 Follow wind	비구방향과 동일한 방향으로 부는 바람.
팔로스루 Follow-through	볼이 클럽면을 떠난 후 이어지는 스윙동작.
팜 그립 Palm grip	야구배트를 쥐는 것과 같이 양손바닥으로 그립을 잡는 방식으로 내츄럴 그립이라고도 함.

패들 그립
Paddle grip
평평한 퍼터를 잡기 위한 그립으로 탁구를 하듯 평평한 그린 위에서 홀을 향해 무난한 퍼팅을 쳐내기 위해 사용.

패스
Pass
경기의 원활한 진행을 위해 앞 조가 다음 조에게 먼저 경기를 할 수 있도록 양보하는 것.

퍼블릭 코스
Public course
회원제가 아니고 일반 대중에게도 개방된 골프장.

퍼터
Putter
단거리 퍼팅 전용클럽으로 헤드모양에 따라 T, D, L형으로 부르기도 함.

퍼트
Putt
그린에서 퍼터로 볼을 홀에 넣기 위해 스트로크하는 것.

퍼팅 라인
Puttting line
그린 위에서 퍼팅을 하기 위한 볼과 홀컵 사이의 라인.

펑스톤 룰
Funstone's rule
항상 다음 샷에 상대방이 홀아웃을 할 것으로 예상하고 그 결과에 동요하지 말라는 말.

페널티 스트로크
Penalty stroke
규칙위반에 대하여 벌타를 주는 것으로 룰에 의해서 플레이어 또는 한편의 스코어에 주어지는 타수.

페더
Feather
그린의 왼쪽을 향해 쳐낸 정교한 페이드.

페스트 그린
Fast green
볼의 미끄러짐이 빠른 그린으로 그린의 기울기나 잔디종류, 잔디길이에 따라 구르는 거리가 달라짐.

페어웨이
Fairway
티 그라운드와 그린사이의 잔디가 짧게 깎인 지역.

페이드
Fade
슬라이스처럼 심하진 않지만 볼이 떨어지기 직전에 속도가 둔해지면서 오른쪽으로 휘는 볼.

페이드 볼
Fade ball
볼이 떨어지기 직전에 속도가 둔해지면서 오른쪽으로 커브하는 것.

페이스 그루브
Face grooves
볼에 스핀을 줄 수 있도록 밑바닥과 평행하게 클럽 페이스에 파놓은 홈.

펫
Fat
볼 앞의 지면을 치는 것.

포대그린
페어웨이보다 높은 곳에 위치한 그린.

포볼
Four-ball
2인 1조의 경기로 홀마다 두 선수의 성적 중 좋은 성적만 집계하여 최종점수를 환산하는 베스트 볼 방식.

포섬
Foresome
4명이 함께 경기하는 방식으로 2인 1조가 되어 한 볼을 교대로 침.

포어
Fore
타구에 앞 조의 사람들이 맞을 염려가 있을 때 주의를 주기 위해 외치는 소리.

포어 암 로테이션
Fore arm rotation
팔로스윙으로 오른쪽 팔이 왼쪽 팔 위로 뒤덮여 오는 상태.

포어 캐디
Fore caddie
목표를 확인하기 위해 전방이나 공의 행방을 추적하기 쉬운 위치에 미리 나가있는 경기보조원.

포워드 스윙
Forward swing
탑에서 피니시로 향하는 것으로 클럽을 앞쪽으로 휘두르는 동작.

포워드 프레스
Forward press
백 스윙을 시작할 때 앞으로 기울이게 되는 팔이나 손, 안쪽 무릎이나 상체의 전진운동.

포인트 토우니
Point tourney
파를 기준으로 버디, 이글로 갈수록 큰 폭의 가산점을 주어 같은 스코어라도 버디나 이글을 많이 한 선수에게 우세를 주는 방식.

포틴 클럽 룰
Fourteen club rule
게임에서 14개 이내의 클럽만 사용할 수 있게 한 규칙.

푸시
Push
볼을 목표보다 오른쪽으로 쳐내는 것.

푸시 샷
Push shot
스윙은 짧고 피니시는 낮고 길게 가져가 볼이 낮게 날아가도록 하는 타격 테크닉으로 역풍에 효과적.

푸즐
Foozle
서투르게 볼을 잘 못치는 것.

풀
Pull
의도한 라인보다 다소 왼편 직선으로 날아가는 샷.

풋 액션
Foot action
견실한 스윙을 위해 발을 세팅하기 위한 일련의 발놀림.

프라이드 에그
Fried egg
모래에 반쯤 묻힌 볼.

프레스
Press
내기에 진 플레이어가 제안하는 것으로 남은 홀에서 애초 내기와 동등한 정도의 추가내기를 말하며 원래 내기는 그대로 유효함.

프로비저널 볼
Provisional ball
볼이 분실되었거나 OB, 워터 해저드에 들어갔는지 확실치 않을 때 플레이어가 그 위치에서 다시 치는 볼로 룰에서는 잠정구라고 함.

프론트 나인
Front nine
18홀 라운드 중 전반 9홀.

프론트 티
Front tee
티 그라운드 중 홀과 가장 가까운 거리에 있는 것으로 보통 여성과 일반 아마추어가 티샷을 하는 곳.

프리퍼드 라이
Preferred lies
볼을 페어웨이의 더 좋은 위치에 옮길 수 있도록 한 룰.

프린지
Fringe
페어웨이보다 짧고 그린보다 긴 그린 주위의 잔디로 아프론이라고도 함.

플래트
Flat
클럽의 샤프트와 지면이 만드는 각도가 적은 것, 지면이 평탄한 것.

플래트 스윙 / Flat swing — 수평에 가까운 스윙.

플러그드 라이 / Pluged lie — 볼이 푹 패인 지점에 떨어진 라이.

플러스 플레이어 / Plus player — 핸디캡이 0보다 높은 경기 참가자.

프러피 라이 / Fluffy lie — 잔디 위에 아슬아슬하게 놓여있어 샷이 용이하지 않은 볼의 위치.

플럼본 / Plumb bon — 퍼터의 샤프트를 그라운드에 수직으로 세워 들고 퍼팅선을 측정하는 것.

플럽 / Flub — 볼을 서투르게 쳐서 몇 피트밖에 못 미치는 것.

플레이 스루 / Play through — 앞선 그룹의 골퍼들이 뒷팀을 먼저 보내기 위해 그라운드의 한 쪽으로 비켜주는 것으로 패스와 같은 뜻.

플레이 오프 / Play off
라운드가 끝난 뒤에도 승부가 나지 않을 때 승부를 가리기 위한 연장전.

플레이선 / Line of play
플레이어가 의도한 비구선 또는 주행선.

플레이스 / Place
공을 들어 다시 제자리에 놓는 것.

플레인 / Plane
스윙궤도가 그려지는 상상속의 공간.

플루크 / Fluke
우연히 잘 친 스윙이나 퍼팅.

피니시 / Finish
스윙의 마감자세 또는 경기를 정상적으로 끝내는 것.

피봇 / Pivot
스윙을 하기 위해 테이크 백을 할 때의 허리 회전, 허리틀기.

피스톨 그립
Pistol grip

권총을 잡듯이 퍼터의 윗부분을 잡는 그립방법.

피치
Pitch

로프트가 큰 클럽으로 높이 띄워서 볼이 빨리 멈추도록 하는 하이 어프로치.

피치 샷
Pitch shot

아이언으로 볼에 백 스핀을 가해 높이 쳐올려서 목표지점에 착지한 후 거의 구르지 않고 정지하도록 치는 타법.

피치 앤 런
Pitch and run

평상시보다 볼을 낮게 띄워서 더 많이 굴러가도록 의도적으로 하는 어프로치 샷.

피칭 웨지
Pitching wedge

피치 샷을 위해 고안된 웨지로 로프트가 크고 무게도 가장 무거운 것이 특징.

픽 앤 쇼블
Pick and shovel

웅덩이에 들어간 볼을 쳐내는 샷의 방법.

픽 업
Pick up
볼을 규정 이외의 상황에서 주워드는 것으로 스트로크경기에서는 플레이를 포기하는 것이 되므로 주의.

핀
Pin
홀에 꽂힌 깃대.

핑
Ping
넓은 클럽 페이스를 가져 효과적인 퍼팅을 할 수 있게 고안된 퍼터.

핑거 그립
Pinger grip
야구배트를 쥐는 것처럼 양손 손가락으로 클럽을 감아쥐는 그립.

하바드 매치
Harvard match
무승부 경기.

하스켈
Haskell
1898년 코번 하스켈이 발명한 고무심이 들어간 볼.

하이 사이드
High side
경사진 그린에서 홀보다 높은 지역.

하프
Half
상대방도 같은 스코어를 기록했을 때.

하프 샷
Half shot
백 스윙을 절반 정도만 하는 타구동작으로 거리에 따라 조정하는 샷.

하프 스윙
Half swing
풀 스윙을 반 정도의 힘을 줄여서 하는 스윙.

핫독 프로
Hotdog pro
유명한 프로선수와 경기를 하는 무명프로.

해브드
Halved
매치플레에서 한 홀의 스코어가 동수인 것.

해저드
Hazard
모래 웅덩이, 연못과 같이 경기의 원활한 진행을 어렵게 만드는 코스내의 장애물.

핸드 다운
Hand down
어드레스시 두 손으로 누르는 듯한 자세.

핸드 매쉬
Hand mashie
스윙이 아니라 손으로 볼을 쳐내는 속임수.

핸드캡
Handicap
각자 다른 기량의 골퍼들이 같은 조건에서 경기를 할 수 있도록 약한 사람의 스코어에 타수를 감하도록 하는 것으로 오피셜(Official)과 프라이비트(Private)가 있음.

햄 앤 에깅
Ham-and-egging
투볼 포섬 경기에서 한 팀의 두 파트너가 번갈아 가며 버디를 잡는 팀웍을 말함.

행잉 라이
Hanging lie
볼이 경사면에 걸려있어 플레이어의 발 위 또는 아래에 위치하고 있는 경우.

허슬러
Hustler
내기경기에서 자신의 실력을 감추고 실제보다 핸디캡을 더 많이 받는 비양심적인 골퍼.

헌칭
Hunching
퍼팅 그린 위의 볼을 표시할 때 실제의 위치보다 1~2인치 정도 홀에 가까운 곳에 옮겨 표시하는 속임수.

헤드 스틸 Head still	스윙 때 볼을 보고 있는 머리가 움직이지 않는 것.
헤드 업 Head up	임팩트 후 볼을 보기 위해 서둘러 머리를 드는 것.
헤드 커버 Head cover	클럽의 헤드 부분이 골프백 안에서 서로 부딪혀 상하는 것을 방지하기 위해 가죽, 헝겊 등으로 만들어 헤드에 씌우는 커버.
호스 슈즈 Horss-shoes	두 경기자가 각기 두 개의 볼을 사용하여 각기 두 번의 퍼팅으로 승부를 겨루는 퍼팅게임.
호젤 Hosel	아이언의 헤드를 샤프트에 접착시키기 위한 빈 공간.
홀 Hole	그린에 만들어 놓은 구멍을 말하며 깃대가 꽂혀있으며, 18개의 단위코스를 의미하기도 함.

홀 매치
Hole match
각 홀마다 승부를 정하는 경기로 매치 플레이가 정식용어임.

홀러블 디스턴스
Holable distance
원 퍼터로 홀인이 가능한 거리로 원 퍼터 디스턴스라고도 함.

홀아웃
Hole out
한 홀의 플레이를 마치는 것.

홀인원
Hole in one
티 그라운드에서 1타로 볼이 홀에 들어가는 것.

홈 코스
Home course
자신이 소속된 클럽의 코스.

홈 홀
Home hole
마지막으로 끝나는 홀로 통상 18홀인 경우가 많지만 10홀에서 시작한 경우는 홈 홀이 9홀이 됨.

후드
Hood
어드레스시 목표방향으로 클럽 손잡이를 기울임으로써 클럽의 로프트를 효과적으로 줄이는 것.

훅
Hook
시계 반대방향으로 도는 볼의 회전으로 오른쪽에서 왼쪽으로 휘어지는 구질을 말함.

훼이드
Fade
볼이 떨어지기 직전에 속도가 둔해지면서 오른쪽으로 커브하는 것.

훼이스
Face
클럽의 타구면.

휘프트
Whift
클럽의 볼을 가격하지 못하고 헛손질하는 동작.

휘피
Whippy
클럽 샤프트의 휘는 정도.

히코리 샤프트
Hickory shaft
20세기 초에 널리 쓰였던 호두나무과의 단단한 나무로 만들어진 샤프트.

| 히팅 에어리어
Hitting area | 볼을 정상적으로 타격하기 위해 맞추어야 하는 포인트로 히팅 존이라고도 함. |

| 힐
Heel | 타격 자세 시 선수의 발꿈치 또는 클럽 헤드의 뒷부분을 지칭하는 말. |

| 힛 잇 인 더 히트
Hit it in the heat | 볼의 중간 윗부분을 가격하는 것. |

참 | 고 | 문 | 헌

김동혁(1999). 골프 스윙의 이해와 훈련. 대왕사.
유기풍, 오종만(1995). 리엔지니어링 골프. 중앙일보사.
박완용(1999). 골프교실. 아카데미북.
송하칠(2000). 톱프로 톱레슨. 아카데미북.
김종욱(1999). 파워 여성골프입문. 삼호미디어.
사카타노부히로(1999). 스윙을 마스터하는 골프 길라잡이. 국일미디어.
박규태, 고영완(2000). 골프 마스터 클래스. 도서출판 홍경.
김원식, 임도순(1999). 골프대학. 학문사.
박영민(1997). 골프이론과 실제. 고려대학교.
동아원색 세계대백과사전
현대 국어대사전(일중당) · 생명과학 대사전.
삼성문화사 국어대사전
Adams, Mike & T. J. Tomasi(1996). Play Better Golf, The Academy of Golf at PGA National.
John Ledesma(1999). Golf School. PRC Publishing Ltd.
David Leadbetter(1996). Faults and Fixes, Harper Colins Publishers, Inc.
Nick Wright(2002). Lower your Golf Handicap, Taylor Publishing Co.
Ritson, Phill(1999). Total Golf., The Lyons Press.
Ritson, Phill(1996). Golf your Way, Harper Collins Publishers, Inc.
Dr. Deborah Graham & Jon Stabler(1990). The & Traits of Champion Golfers, Simon & Schuster, Inc.
M.D. Phil Lee & Jeff Warne(2000). Shrink your Handicap, Hyperion New York.
Derek Lawrenson(1999). The Complete Encyclopedia of Golf, Carlton Books.
John Jacobs With Dick Aultman(1999). Golf Doctor, The Lyons Press.

인체를 지배하는
골프 스윙 메커니즘

초판인쇄	2019년 9월 2일
초판발행	2019년 9월 6일
발 행 인	민유정
발 행 처	대경북스
ISBN	978-89-5676-791-8

이 책은 저작권법에 따라 보호받는 저작물이므로 무단전재와 무단복제를 금지하며, 이 책 내용의 전부 또는 일부를 이용하려면 반드시 저작권자와 대경북스의 서면 동의를 받아야 합니다.

등록번호 제 1-1003호
서울시 강동구 천중로42길 45(길동 379-15) 2F
전화: (02)485-1988, 485-2586~87 · 팩스: (02)485-1488
e-mail: dkbooks@chol.com · http://www.dkbooks.co.kr